中华先贤人物故事汇

左宗棠

尤学工　翟士航

著

中华书局

图书在版编目（CIP）数据

左宗棠/尤学工，翟士航著. —北京：中华书局，2022.8
（2024.3 重印）
（中华先贤人物故事汇）
ISBN 978-7-101-15711-6

Ⅰ. 左… Ⅱ. ①尤…②翟… Ⅲ. 左宗棠（1812～1885）–生平事迹 Ⅳ. K827＝52

中国版本图书馆 CIP 数据核字（2022）第 065047 号

书　　　名	左宗棠	
著　　　者	尤学工　翟士航	
丛 书 名	中华先贤人物故事汇	
责任编辑	马　燕　陈　虎	
责任印制	管　斌	
出版发行	中华书局	
	（北京市丰台区太平桥西里 38 号　100073）	
	http://www.zhbc.com.cn	
	E-mail:zhbc@zhbc.com.cn	
印　　　刷	三河市宏达印刷有限公司	
版　　　次	2022 年 8 月第 1 版	
	2024 年 3 月第 3 次印刷	
规　　　格	开本/787×1092 毫米　1/32	
	印张 4¾　插页 2　字数 50 千字	
印　　　数	6001–9000 册	
国际书号	ISBN 978-7-101-15711-6	
定　　　价	20.00 元	

出版说明

孔子周游列国，创立儒家学说；张骞出使西域，开辟丝绸之路；书圣王羲之，留下了曲水流觞的佳话；诗仙李白，写下了"举头望明月，低头思故乡"的名篇；王安石为纠正时弊，推行变法；李时珍广集博采，躬亲实践，编撰医药学名著《本草纲目》……

这些杰出的历史人物，有的是在中华民族文明进程中做出过突出贡献、对后世产生过巨大影响的思想家、政治家，有的是对中华优秀传统文化的传承传播发挥过重大作用的文学家、艺术家、科学家，有的是为国家安定统一、民族融合团结和中外文化交流做出过杰出贡献的军事家、外交家……他们为中华民族的繁荣发展做出了伟大的贡献，他们的行为事迹、风范品格为当世楷模，并垂范后世。

他们是中华民族的先贤人物。他们的思想、品德、事迹，是中华优秀传统文化的结晶；他们的故事，是对中华民族的禀赋、特点和气质最生动、最鲜活的阐释；他们的名字，在五千年中华文明史上最为光彩夺目；他们为五千年中华文明史书写了最为光辉灿烂的篇章。

为了解先贤，走近先贤，我们精心组织编写了这套《中华先贤人物故事汇》丛书，以翔实可靠的史料为依据，细腻动人的故事为载体，真实地呈现中华先贤人物的事迹、品格和精神风貌，彰显他们的贡献和功绩，激发人们对国家民族的热爱，对中华文明、中华优秀传统文化的崇敬。

开卷有益，期待这套丛书成为你的良师益友。

目 录

导 读

　　左宗棠（1812—1885），字季高，湖南湘阴人。晚清政治家、军事家，洋务派重要代表人物。早年就读于长沙城南书院，道光十二年（1832）中举。后三次进京会试不第，于是绝意仕进，潜心研究经世致用之学，尤其精通地理和兵法。

　　咸丰二年（1852），太平军攻入湖南，隐居乡间多年的左宗棠应邀出山，先后以幕僚身份辅佐湖南巡抚张亮基和骆秉章，为其筹划军政要务。咸丰十年（1860），左宗棠受命组建"楚军"，配合湘军与太平军作战。凭借卓越的军事才能，他屡立战功，逐步晋升为浙江巡抚、闽浙总督。

　　从鸦片战争开始，中国日益受到英、法等列强的侵略和欺侮。左宗棠痛心于国家主权和领土被践踏，深感中国想要自强，就必须学习西方的先进技术，强化自身的国防力量。为此，左宗棠在福州创办了中国第一家近代造船厂，即后来的福州船政局，并设立求是堂艺局，培养海军人才。在征战陕甘期间，左宗棠又创办了兰州制造局、兰州机器织呢局等近代军用、民用企业。

19世纪六七十年代，中亚浩罕政权将领阿古柏入侵新疆，建立"哲德莎尔"政权，奴役天山南北各族百姓。沙俄趁火打劫，强占了新疆重镇伊犁，英国也积极扶持和控制阿古柏政权，从新疆大肆掠夺资源和财富。在东南沿海与西北边疆同时遭受威胁的情况下，清廷内部许多人主张放弃塞防，专注海防，新疆的命运岌岌可危。在这风雨飘摇的时刻，左宗棠力排众议，提出"海塞并重"的国防方略，毅然承担起收复新疆的重任。在他的运筹指挥下，清军彻底消灭了阿古柏政权，光复北疆和南疆。为收回伊犁，左宗棠以年迈抱病之身亲自率军出关，誓死捍卫国家的领土完整，终于迫使沙俄归还了伊犁地区。

中法战争爆发后，左宗棠又主动请缨，督师抗法。光绪十一年（1885），左宗棠带着壮志未酬的悲愤与遗憾，病逝于福州。

左宗棠始终怀有坚定的爱国主义信念，一直力图为多灾多难的国家找到一条出路，为维护祖国领土完整和尊严而毫无保留地奉献着自己的才智与力量，不愧民族英雄之称。

孤寒发愤

      清嘉庆十七年（1812）十月初七，左宗棠出生在湖南长沙府湘阴县左家塅（今金龙乡新光村）的一户耕读之家。他的祖父左人锦曾是一名国子监生，父亲左观澜也考中了秀才，但始终没能更进一步。由于家里仅有祖先传下的数十亩薄田，不足以供养十口之家，左观澜只得终年在外开馆授徒。塾师的收入微薄，平时仅能维持温饱，遇到荒年，物价高涨，买不起粮食，左宗棠的母亲余夫人就只得用糠屑做饼给家人充饥。

      在这样的贫寒境况中成长，左宗棠自小颇为懂事。一次，祖父带他到宅后山上采栗子，他采到栗子后，自己先不吃，而是带回家后分给哥哥和姐姐。左人锦看到小孙子懂得礼让、分配公允，非常高兴，认为将来他必定会光大门楣。

左宗棠四岁时，左家迁到长沙城内，左观澜在左氏祠中开馆授徒。左宗棠和哥哥左宗棫、左宗植一起开始随父亲读书。最初，父亲只是让小宗棠在一边旁听，但两个哥哥诵读的书，小宗棠往往能默记在心。一天，左观澜给左宗棫、左宗植讲授《井上有李》这篇文章，读到"昔之勇士亡于二桃，今之廉士生于二李"一句，向他们提问"二李"典故的出处。没想到他话音刚落，左宗棠就抢答道："出于古诗《梁父吟》。"左观澜很惊奇，问他是怎么知道的，小宗棠得意地说："这是孩儿平日听两位兄长诵读时记住的。"左观澜心中暗喜：这个小儿子是个读书的好苗子！于是开始正式教他读《论语》《孟子》。

到了八岁，左宗棠在父亲的指导下，开始学习作应举的八股文。左观澜自己只考中秀才，常因不得志而郁郁寡欢，所以把科考的希望寄托在儿子身上，对左宗棠的教育抓得很严。尽管日复一日的作文训练相当单调，但左宗棠凭借过人的领悟力和勤奋的练习，进步的速度很快。每写成一篇满意的八股文章，他常常得意地向书塾的同学展示，并毫不谦虚地自我夸赞一番。久而久之，同学们都熟悉了他这种自负的派头，也不以为意。

经书之外，左宗棠也兼读史书、诗歌、古文。他非常仰慕史书中有大气节、成大事业的英雄人物，将这些人视为自己学习的榜样。他不止一次地向朋友表示，纵使出身寒素，自己也要磨砺节操、成就一番伟业，言语间，仿佛天下事无不可为。

春去秋来，年复一年，转眼间左宗棠已经十五岁了。前一年，他初次参加童子试，顺利通过，今年该去长沙府参加府试了。在府试中，左宗棠发挥稳定，文章写得很出彩。主持考试的长沙知府张锡谦对他的文章啧啧称奇，将其评为第二名，还亲自召见了左宗棠，以表勉励。

顺利通过府试后，左宗棠踌躇满志地准备参加院试，以正式取得秀才身份。不料此时母亲余夫人却突患重病，他要回家照顾，只得放弃了这次考试机会。尽管左宗棠殷勤侍候，但不久后余夫人还是因病去世了。按照当时的礼仪，左宗棠需要为母亲守孝三年。孰料母亲的守孝期还未结束，父亲左观澜也在道光十年（1830）的正月十八日病故。父母亲的接连去世，加上此前长兄宗棫的英年早逝，使他倍感哀痛。在长达六年的守孝期中，他化悲痛为动力，读书更加勤勉。很快，家里的藏书都被左宗棠读遍，精力正旺盛的他渴望获取更多的知识，时常外出借书、购书来读。

道光九年（1829），左宗棠曾从长沙书肆中购得一本顾祖禹的《读史方舆纪要》。这是一本专门记载山川险要、战守机宜的书籍，有很强的经世致用色彩，与左宗棠从前所读的义理经书迥然不同，仿佛为他打开了一扇崭新的窗户，使他眼界大开。左宗棠如获至宝，爱不释手，反复研读，直至对书中内容了如指掌方才罢休。很快，他又买来顾炎武所著《天下郡国利病书》和齐召南所著《水道提纲》等书，朝夕钻研，分类抄录，有所心得，便随手做笔记。不久，哥哥宗植又为他带来一本刚出版不久的《皇朝经世文编》，这部一百二十卷的巨著由当时的著名学者贺长龄与魏源等人编纂，内容都是关乎国计民生的奏疏、文章，正合左宗棠的心意。他反复阅读，随手批点，很快每页都有他留下的细密笔记和圈点符号。有些人见左宗棠如此热衷读"闲书""杂书"，嘲笑他尽做对科举无用的事情，是白费功夫。但左宗棠并不理会别人的闲言碎语，更加勤勉地研读经世书籍。

道光十年（1830）冬的一天，前江苏布政使、著名的经世派学者贺长龄正在长沙居所的书房中读书。不久前，因母亲年老多病，他辞官归乡养亲。忽然，家中的仆人禀告，说有一位大约十七八岁的左姓青年前来求见。贺长龄略感意外——自己平素往来的亲友中并无此人，来者所为何事呢？捋须略一沉吟，他吩咐仆人带少年进来。

不一会儿，一位穿着朴素但目光炯炯有神的年轻人出现在贺长龄的面前。只见他恭敬地深施一礼，朗声开口道："晚生左宗棠，素来仰慕贺大人的学问与品德，闻听大人居家养亲，不揣冒昧，特来登门拜谒大人。"贺长龄见他器宇不凡，不卑不亢，便微微颔首，道："左君不必拘礼。不知你家

　　不一会儿，一位穿着朴素但目光炯炯有神的
年轻人出现在贺长龄的面前。

居何处？受业何人？可曾从事举业？"左宗棠答道："晚生祖籍湘阴，现居长沙。自小受业于先父，童试与府试皆已考过，因居丧而未参加院试。"贺长龄心想：或许他像以前来拜访自己的那些年轻人一样，是想用文章来获取赏识。便开口道："既从事举业，又过府试，想必文笔甚佳。可有文章容贺某一阅？"左宗棠回答："有制艺与策论各一篇，大人若不弃，烦劳一阅。"便从袖中取出文章，双手奉上。

第一篇制艺，形式工整，文气畅达，简约又不失深度，贺长龄暗忖：看来左生家学严谨，基础颇为扎实。第二篇策论的题目是《漕粮海运论》，贺长龄顿时就产生了兴趣，因为这正是他在江苏布政使任上着力推进的事业。文章前半部分概略回顾历代海运的得失，驳斥海运无用的观点，主张推动东南地区的漕粮海运；后半部分则提出了更为具体的措施——官督商办、改良船只、增拓港口。这篇文章不仅与贺长龄的主张相当吻合，而且有些具体设想，甚至是他都不曾想到的。读罢，他不禁面露喜色，连称："好文！好文！"他问道："左君见识不凡，不知平日读何等书？"左宗棠拱手道："回大人，晚生喜读亭林（指顾炎武）、宛溪（指顾祖禹）诸先生之书。近来所读，正是大人您与魏源先生所编纂的《皇朝经世文编》。"

贺长龄心下感叹：年纪轻轻，便喜经世之实学，是可造之才啊！因此便说："左君年少学博，能留心经世实学，又有聪明洞见，超出俗流，贺某甚慰！"略缓一缓，又道："左君来贺某处，恐怕不止为拜谒吧。有什么需要贺某做的，但讲无妨！"左宗棠倒也不客气，拱手道："蒙大人夸奖，实在荣幸。不瞒大人，晚生向来好读书，奈何家中贫寒，苦于无力购书，素闻大人府上藏书丰富，若有幸一睹，足慰平生！"贺长龄听了这番实诚的话语，不禁微笑回答道："这有何难？左君如此好学，贺某岂会吝惜藏书？来来来，凡架上之书有你想读的，皆可出借！"左宗棠闻言大喜，起身深施一礼，道："大人慷慨扶掖，晚生没齿难忘，今后时时叨扰，还望大人不弃！"贺长龄又朗笑道："只怕你不来！"

从此，贺府的仆人们，便常能看见左宗棠来登门借书。贺长龄不仅将家中所藏的全部官私图书都开放给左宗棠随意阅览，而且每每亲自爬上梯架，为左宗棠取书，丝毫不显厌倦之色。而左宗棠每阅读一本书，都会向贺长龄讲述心得，二人常谈到秉烛时分。

冬去春来，左宗棠在贺长龄的热情帮助下，学识大有长进。这天，趁左宗棠前来还书之机，贺长龄将他叫到案前，亲切地说："季高啊，你已年届弱冠，也该考虑进学之事了。不知你有何想法？"左宗棠如实答道："长沙城中，岳麓书院为佳。然学生家境困苦，恐怕无力负担学费。"贺长龄点头道："这一点我已考虑到。其实，城南书院亦不错，吾弟光甫（指贺熙龄）在那里掌事，讲求实学，是个适合你的去处。若你有意，我便修书一封，推荐你去读那里的义科，每月皆有伙食补助。"左宗棠最初也觉得挺好，可转念一想，这也就意味着以后与恩师见面的机会变少了，又浮现出踌躇的神色。贺长龄看在眼里，宽慰道："季高不必多虑，贺某短期内不会离开长沙，你仍可放心来我处借书畅谈。"左宗棠见恩师考虑得如此周详体贴，不禁眼眶一热。贺长龄写好书信，亲手递给左宗棠，语重心长地说："季高，我有一言，你要谨记，当今天下正缺乏像你这样的人才。你一定不要贪图一时之利，苟且屈就，埋没了才华，限制了成就啊！"左宗棠重重地点头道："学生谨记在心！"

　　道光十一年（1831），左宗棠正式入读城南书院。城南书院采用钻研、问答、讲解相结合的教学方法，既研习儒家经籍，也关注国计民生。掌院的山长贺熙龄和其兄贺长龄一样，反对琐碎的词章训诂，注意引导学生关注实用之学。对于左宗棠，贺熙龄经过观察，发现他虽然贫寒，但"卓然能自立"，学问上"确然有所得"，进退言论都合于度，因此很是欣赏。左宗棠从此追随贺熙龄求学十年，深受其影响。

　　在城南书院，左宗棠还结识了一些朋友，如湘乡人罗泽南和丁叙忠，与他们在学习和品行上砥砺互进。而他一生中最重要的朋友之一胡林翼，也是在这一时期结识的。胡林翼是湖南益阳人，平素不喜章句之学，特别注重史书和地理书，醉心于探究山川险要、军事事务。共同的兴趣，使他与左宗棠在很多问题上有共识。两人很快就无话不谈，逐渐建立起深厚的友谊，终生不渝。

失意科场

　　道光十二年（1832）五月，左宗棠设法捐了一个监生头衔，获得了参加乡试的资格。考试结束后，不等放榜，左宗棠即赶赴湘潭，与当地名门周家的千金周诒端成婚。这门亲事，是他的父亲左观澜在世时与周诒端的父亲周系舆商定的，父亲的丧期结束后，二哥左宗植便按照约定向周家下了聘礼。不过，由于家境贫寒，左宗棠无钱操办婚事，只得入赘周家，好在岳父母和妻子并没有因此而看轻他。周诒端不仅文采出众，而且温柔体贴，对于左宗棠的生活、学习关怀备至，倾心相助，使他感受到了家庭的温暖。

　　婚后不到一月，中举的消息自长沙传来，左宗棠心头的喜悦更添几分。他摩拳擦掌，加紧读书，准备参加第二年春季在京师举行的会试。可是，赴京赶考需要不菲的费用，左宗棠无力负担。为难之际，妻子毫不犹豫地拿出一百两嫁妆，为他置办行装。但恰逢左宗棠的大姐一家此时生活陷于极端困苦，左宗棠心中不忍，便将这笔盘缠全部送给姐姐一家，自己重新筹措路费。好在亲友们闻讯，又设法凑了一笔盘缠送给他。到了年底，左宗棠启行北上，赶赴会试。不过，左宗棠并没能一试即中。年仅二十一岁的左宗棠尽管有些失落，但依然对未来考中进士怀有信心。回到湖南后，左宗棠加紧读书、思考，学问日有进益。

一晃三年过去，左宗棠再次赴北京参加会试。这一次，他的文章受到考官温葆深的青睐，被初步选取为湖南省第十五名。此时尚未放榜，但左宗棠通过小道消息得知此事后，心里还是有些雀跃。孰料，就在榜单即将正式揭晓时，因各省名额分配出现争议，湖南的录取名额超出一名，于是左宗棠的录取资格被取消，转让给湖北的一名考生，左宗棠仅仅被取为"誊录"，也就是抄写员。尽管温葆深为左宗棠力争，但终究没能改变这一结果。

誊录一职地位不高，事务琐碎。如果运气好的话，若干年后，朝廷看在辛劳的份上，可能会给个县令当。可左宗棠心高气傲，又牢记恩师贺长龄"幸勿苟且小就，自限其成"的叮嘱，因而不甘屈就此职，决定三年后再度挑战会试。

道光十八年（1838），又到了会试的年份，二十六岁的左宗棠第三次走入京师考场。然而，等待他的，依旧是落榜的结局。三试不中，使得左宗棠的心中充满了苦涩和失落。在写给妻子的信中，他难掩心灰意冷之态："我骑着蹒跚的马缓缓离开京城，从此再也不会回到这繁华世俗之地，与众人去争抢道路两旁的苦李子了！"这是不再参加会试的宣言。

在几次往返京城和湖南家乡的途中，左宗棠充分了解了沿途各省民生之艰难、吏治之腐败，亲眼看到了百姓因水灾、饥荒而流离失所的惨状，心中百感交集，坚定了自己经世致用、为民纾困的决心。回到家后，左宗棠挥笔写下一副对联，张挂在书房墙壁上，以表达自己的志向：

身无半亩，心忧天下；

读破万卷，神交古人。

短短十六个字，忧国忧民、孜孜不倦的情怀跃然纸上。他不仅是这样说的，也确实是这样做的。在湘潭隐山之麓的周家西楼上，左宗棠将主要精力都放在了研究舆图地理之学上。他不仅勤奋地抄录所有能找到的地理书籍，吸收其精华，还与妻子一起精心校勘全国和各省地图，指出当时图志中的各种弊端，并加以详细的文字说明。每作一图，就交给妻子加以影绘。这项工作在外人看来很是枯燥，但左宗棠明白：有了准确可靠的舆图，才能作为河务、荒政、盐政、漕运等事务的依据，从而更好地造福百姓。对此，妻子深深理解、鼎力支持，二人配合默契，自得其乐。

道光二十年（1840）春，左宗棠离开湘潭，前往偏僻的湖南安化小淹镇。这次旅程，是为了履行一个沉甸甸的承诺。原来，三年前，左宗棠为了贴补家用，曾前往湖南醴陵的渌江书院担任主讲。在此期间，著名经世派官员、两江总督陶澍恰好告假回家乡扫墓，醴陵知县得知陶澍要来，赶忙安排馆舍，请左宗棠来撰写楹联。左宗棠素来敬慕陶澍的卓著政绩和经世思想，挥笔而就：

春殿语从容，廿载家山，印心石在；
大江流日夜，八州子弟，翘首公归。

陶澍看到这副楹联，眼前一亮，立刻询问道："此联简约工整，自然天成，不知出自何人手笔？"知县如实以告："是举人左宗棠所撰。"

陶澍于是请知县邀左宗棠前来一谈，左宗棠欣然赴约。尽管两人一是封疆大吏，一是落第举人，身份差异巨大，但陶澍爱才，不端架子，左宗棠也不怯场，跟陶澍谈论古今大事，滔滔不绝。共同的经世志向使得二人有说不完的话题，他们彻夜长谈，直到天亮仍不觉得疲倦。经过这番深谈，陶澍视左宗棠为奇才，大加赞赏和激励。临别前，两人定下忘年之交，相约寻机再会。

次年，会试落第返回湖南的途中，左宗棠按照约定，绕道金陵，谒见陶澍。陶澍留他住在官署内，两人尽情畅谈。陶澍丝毫不在意左宗棠会试落第，依旧对他充满赞赏和期许，特地为自己的独生子陶桄向左宗棠的长女左孝瑜求婚。面对陶澍真诚而恳切的提议，左宗棠却犹豫了。想到自己一介落第举人，与陶家身份差异巨大，出于自尊，他不愿意"攀高枝"，于是以"门第不合"为由委婉地拒绝了陶澍的好意。陶澍并没有因左宗棠"不识抬举"而恼怒，反而更加欣赏他的人品，确信自己选对了朋友。

两年后，陶澍病逝于两江总督任上，临终前，他留下遗嘱，将年幼的陶桄托付给左宗棠。左宗棠从恩师贺熙龄那里得知了陶澍病逝、归葬故乡安化的具体情形，泪水顿时涌出，打湿了信笺。尽管此时左宗棠家中有四个女儿，经济状况相当困窘，但为了完成这位忘年知己的遗愿，左宗棠仍毅然赶赴安化陶家，成为陶桄的私塾教师。从此，在这偏僻的山乡塾馆，左宗棠一待就是八年。尽管对陶桄的教育消耗了左宗棠大量的精力，但他也得到了补偿——陶澍遗留下大量的藏书和奏疏、信札，使素来为书荒所苦的左宗棠得以一解"书渴"。日常任教之余，左宗棠在陶家藏书楼中畅游书海，学问大进。

虽然身处穷乡僻壤，但左宗棠仍然心系天下，密切关注时局的变化。就在左宗棠到陶家的第一年，英国侵略者悍然发动了第一次鸦片战争。消息传来，左宗棠不胜忧愤。他将自己视作抵抗外来侵略斗争的一分子，通过各种方式积极发表关于抵抗侵略的见解，希望早日驱除侵略者。可是腐朽昏庸的清朝统治者不但不敢抵抗侵略，反而被英国舰队吓破了胆，竟然撤销了林则徐的职务，将其发配到新疆。左宗棠愤慨地对朋友说："是非颠倒如此，令人忍不住长久叹息！"

1842年，英国战舰驶入长江，进逼南京，清廷被迫同英国议和，签订了丧权辱国的《南京条约》。左宗棠眼见朝廷一步步走向丧权辱国的歧途，倍感悲愤和惆怅。心灰意冷之下，他甚至一度萌生了买山隐居的想法。

但左宗棠并没有一味沉溺于这种消极的逃避情绪。痛定思痛，左宗棠意识到，对外战争的失败，首先是因为军事上技不如人，如果不能改良军事，则势必招致更多的失败。所以，他决定精心钻研军事，探究克敌制胜之道，"不为名儒，即为良将"。为此，他不仅遍读古代兵学典籍和史书中关于军事战争的记载，还通过各种渠道密切注视西方列强侵略中国的形势，了解外国的历史、地理和军事状况，努力做到"知己知彼"。经过几年的沉潜研究，他在军事学方面的造诣日深。在写给二哥左宗植的信中，他表示自己近年来"于兵事颇有所得"，感觉如果有一天遭遇战事，自己若拥有兵权，"必能实实做到，绝非纸上之谈"。

湘舟夜话

  道光二十九年十一月廿一日（1850年1月3日），左宗棠的居所——湘阴东乡柳庄中忽然来了一位使者，向左宗棠递上一份请帖。左宗棠看完之后，露出又惊又喜的神色，赶忙吩咐家人为自己备好出行用具，即刻启程，前往十里外的湘江之畔。时值隆冬，路上冷风萧萧，寒意袭人，但左宗棠的内心却颇感火热，频繁催促车夫再快一些。车夫不禁纳闷：平时不大出门的举人老爷这是要去见哪位贵客，竟如此急切？左宗棠要见的人，不仅确实堪称"贵客"，而且还是一位他仰慕已久的前辈和英杰，那就是林则徐。

  在道光时代的封疆大吏中，林则徐以他勤奋

廉洁的作风、革除积弊的强烈愿望以及全力为民谋利的信念而著称。陶澍与林则徐素有往来，左宗棠在陶澍去世后，遍读陶澍与林则徐往来的信札，见字如面，对林则徐早已心生崇敬。林则徐主持虎门销烟，坚决抗击英国侵略者，左宗棠深深被其爱国心感染，对他开眼看世界的胸怀赞佩不已，常常对朋友表示："林公奏疏中对沿海防务分析透彻、见解深远，与我自己所拟的海防策议不谋而合。"后来林则徐遭遇流放、复出等曲折，左宗棠闻知消息，不自觉地牵肠挂肚，自称："我的心仿佛每天都陪伴在林公左右，为他的遭遇忽而感到悲伤，忽而感到喜悦，自己也觉得不可思议。"

道光二十七年（1847），林则徐调任云贵总督。左宗棠的好友、陶澍的女婿胡林翼颇受林则徐赏识和重用，他得知林则徐急需辅助人才，便大力推荐左宗棠，称他是"近日楚才第一"。林则徐听了介绍后非常满意，让胡林翼写信给左宗棠，请他来自己的幕府。但当时左宗棠因侄子成亲、陶澍儿子读书等事无法脱身，错过了这次机会。

不过，林则徐就此记住了左宗棠这个名字。道光二十九年（1849），65岁的林则徐旧疾复发，日益严重，加上夫人去世，不得不请假回乡。这年冬天，林则徐乘船经辰州，泛沅江，绕道入湘水，在长沙岳麓山对岸的湘江边停泊。随即他遣人到距湘江十里外的湘阴东乡柳庄，招左宗棠来见面。

左宗棠一路上想到林则徐身为一代名臣，却记挂着自己这个落第的举人，特地停船相邀，怎能不感到温暖亲切？想到马上就能见到这位神交已久的英杰，又怎能不感到心潮澎湃？

终于，在夕阳西下之际，左宗棠赶到了湘江边。只见晚霞映红了湘江水，一艘不大的船泊于江边，上挂有"林"字旗帜，岸边挤满了闻讯前来拜谒林则徐的文武官员和士绅。左宗棠递上名帖，不多时，林则徐便走出船舱，一边延请左宗棠上船，一边客气地请岸边的官员、士绅们回去。或许是因为心情过于激动，左宗棠在登船时不慎一脚踏空，落入水中，左右赶忙将他扶起，到船上沐浴更衣。

这个小插曲显然没有影响到宾主双方的兴致。林则徐备好筵席，命三个儿子作陪，与左宗棠畅饮

不多时，林则徐便亲自走出船舱，一边延请左宗棠
上船，一边客气地请岸边的官员、士绅们回去。

倾谈。两人首先谈起了共同的故人——陶澍。对于自己这位昔日的上司，林则徐赞不绝口，尤其感念其豁达大度、脚踏实地的风范。左宗棠深表赞同，暗想：其实林公的风范何尝不是与陶公一样呢？果然英雄相惜啊！林则徐已经从胡林翼口中得知陶澍生前将独子陶桄托付给左宗棠教育，便关心地询问陶桄的近况。左宗棠将近年来自己指导陶桄读书的情形大略讲述，称赞陶桄颇有进益，林则徐听了之后也感觉很欣慰，心下暗服陶澍慧眼识人。他们接下来又感慨地谈到了左宗棠的恩师贺长龄。两人一致认为，贺长龄"学术之纯正，心地之光明"，实在是"一时仅见"，堪为士大夫的楷模。

谈话间，夜色渐深，星斗缀满了天幕，江上寒风料峭，船内宾主却是越谈越投机，品评人物、针砭时弊，无所不及。共同的经世抱负，填补了双方年龄和身份上的鸿沟，如同阔别多年的故人意外相逢，恨不得把胸中的积愫尽数倾吐。林则徐感佩于左宗棠身在乡野、心忧时局的情怀和见识，有意听听他对当今国防形势的看法，便开口问道："左君，你以为当今天下，对我国最大的威胁来自何方？"

左宗棠不假思索地答道："以现下而论，自然是英吉利、法兰西等西洋诸国威胁最大。他们船坚炮利，对我国沿海虎视眈眈，有能力对沿海要地进行袭扰甚至登陆。朝廷的海防建设步伐迟缓，根本无力对抗，只能妥协求全，不断割地、开埠。却不知这样只会更加刺激他们的野心，促使其变本加厉地欺辱和掠夺。"

林则徐点头称是，又追问道："依你所见，如何补救？"

左宗棠答道："宫保大人您昔日在广州委托魏源先生编纂的《海国图志》中已有答案，那就是'以夷攻夷，以夷款夷，师夷长技以制夷'。要对抗英法，必须学习其优长，尤其是先进的军事技术，以坚船利炮武装自己，改良军事训练，强化海防，固守海口和内河，防范其深入。"

林则徐拊掌而笑，表示赞许，继而话锋一转："以现下论，自然英法威胁为大，若从长远论，左君以为还有何等威胁呢？"

左宗棠说："晚生以为，以长远论，西北边陲之威胁恐怕不下于沿海之威胁。自我朝开国以来，在西北屡屡用兵，但当地势力错综复杂，频繁掀起叛乱，荼毒百姓，靡费国帑。而西域之外，有俄罗斯、英吉利伺机而动，妄图将势力深入西域，尤其是俄罗斯，对他国领土贪婪成性，时刻磨刀霍霍，想要鲸吞西域疆土。一旦令他们得逞，则西北永无宁日，蒙古亦复不保，京师便暴露于俄罗斯铁蹄之下了。"

林则徐未曾想到左宗棠对西北局势竟如此洞若观火，连连颔首，口称："左君高见！与老夫心中所忧完全一致！俄罗斯与我国陆路相通，包我边疆，势力强大，野心不小。老夫在西域时，亲见俄人在边境集结军力，挑衅生事，蚕食我疆土，又收买、容纳当地叛乱势力，作为侵略的爪牙。可知他日必为我华夏大患，当及早防之。"将须稍稍冷静后，林则徐又道："俄罗斯在西域之侧，世人多知之。至于英吉利亦暗图西域，左君又是从何得知？"

左宗棠如实答道："回宫保大人，晚生此前整理陶澍大人遗稿时，曾见一折，谈及英吉利商人在西域北路之活动，世人多不知其从何处来，陶大人遣人探听，方知英人系经浩罕国而来，由此可知，英吉利潜通浩罕已有多时。晚生自此加意搜集相关消息，不难推知，英吉利亦图谋西域久矣！"

林则徐点头称是，对左宗棠的欣赏更加一分。不过，他也越发好奇：左宗棠对于西域之了解，究竟详细到何等程度？于是，便呷一口茶，开口问道："左君既然如此看重西域之地位，想必亦曾考虑过巩固西域之良策。欲巩固西域，则首先必要了解西域。关于西域之山川形势、兵要地理，左君能否为老夫分析一二？"

此问一出，陪侍的林汝舟兄弟三人也不禁面露难色——他们已经见识了左宗棠广博的知识和非凡的见解，但毕竟他人在湖南，与西域万里之遥，仅靠传闻与读书，认识想必有限。父亲如今要拿西域的山川形势加以"考试"，是否有点强人所难了？

然而左宗棠却是一副成竹在胸的样子，并未有任何惊惶窘迫之态。原来，左宗棠向来醉心于探究天下的兵要地理、山川形势，不仅专门读过傅恒的《西域图志》和徐松的《西域水道记》，还分门别类抄录，并和妻子一道订正书中舆图。有这样丰厚的知识积累，林则徐的"考试"，对他来说完全不算"超纲"。

只见左宗棠开始从容"答题"，从南疆到北疆，从山川到河流，从堡垒、烽燧到聚落、牧场，娓娓道来，尤其强调了迪化（乌鲁木齐）、哈密、伊犁等地在战略上的重要性。林则徐一边仔细倾听，一边在心中感叹：左宗棠确实不愧是"楚材第一"！待左宗棠讲毕，林则徐笑道："左君真乃绝世奇才！"左宗棠回应道："蒙宫保大人夸奖，着实荣幸！晚生所见，不过是纸上得来，终觉其浅。宫保大人您在西域，却是实实在在地为巩固西域而筹谋、为造福当地百姓而奔忙，清丈田亩、鼓励屯田、兴修水利，哪一件不是彪炳史册的壮举？晚生虽身在僻壤，也恨不得参与到这些壮举中去啊！"

林则徐听了左宗棠情真意切的话语，激动之情油然而生：国家今后所需要的经世之才，正是这样的人物啊！富边强边，非此等人物莫属！于是，他决定将自己对于西域的真切体会与建设心得，向左宗棠和盘托出。他说道："巩固西域，不仅仅是强化军备而已，开国以来，军饷靡费无算，西域却难得真正的安宁。究其根本，是西域不够富强、百姓困苦无着啊。老夫曾在南疆亲见回民生计多属艰难，沿途未见炊烟，仅以冷饼两三枚便度过一日，遇有桑葚瓜果成熟，就取来充饥。衣衫褴褛者多有，无论寒暑，大抵都是赤足奔走。"略顿一顿，他继续道："西域不能富强的症结，在于屯政不修，地利未尽，以致肥沃丰饶之区，不能富强。所以，富边强边，首要就是屯政。老夫在吐鲁番时，曾于伊拉里克及各城办理屯务，大兴水利，初有成效。但不久老夫即蒙恩旨入关，屯务未完，实在是遗憾啊。"

左宗棠劝慰道："宫保大人已尽力矣。当有后来者，继承您的事业，继续经营西域！"

林则徐又道："依老夫考察所见，南疆虽气候干燥，但不乏绿洲，所以耕地同样有改良之余地，南疆八城如能一律仿照苏州、松江地区兴修水利，广种稻田，其利并不少于东南。"

左宗棠暗暗记下，又开口问道："晚生曾闻宫保大人在新疆改进河渠，当地人呼为'林公井'，造福不小，不知其构造具体是如何？"林则徐摆摆手，道："此称实乃谬赞。老夫不过是将当地百姓所发明的'卡井'（即坎儿井）略加改进，加以推广罢了，岂敢贪人之功？'卡井'实为引地下水灌溉之设施，由立井、暗渠、明渠三部分组成，将立井逐次从地下挖通连接成串，经过一道道渠引水横流，水从土中穿穴而行，甚少下渗，渐引渐高，终至地面。此法极利灌溉，是故老夫大力推广之。"说话间，林则徐还唤人取纸笔来，画作示意图。左宗棠平日亦曾钻研农业科技，对此颇有兴致，二人围着示意图指点问答，颇为投入。

此时，船外江风吹打着浪花，拍打在柁楼上，发出沉重的声音，与窗内人语相互响答。渐渐地，启明星开始升起，东方天幕露出鱼肚白，而船舱内的畅谈也临近尾声。

临别之际，林则徐让长子林汝舟将自己在新疆考察时所整理的资料，包括新疆地理形势、沙俄在边疆的布置与活动等，悉数取来，郑重交予左宗棠，握着他的手表示："吾老矣！空有抵御外侮、富边强边之心，终无成就之日。数年来留心人才，今日有幸得见左君这般绝世之才，大概是天意吧！这些资料赠予左君，他日或许用得上。"期望之情，溢于言表。左宗棠恭敬地收下资料，动情地说："晚生一介落第举子，有幸承蒙宫保大人这样的'天人'挂念、赏识，何其幸运！定当不负大人所托，为国效力、为民造福。"

左宗棠、林则徐的这次湘舟夜谈，是两人一生中唯一一次会面。仅仅不到一年以后，道光三十年（1850）秋，林则徐就在广东与世长辞。左宗棠在长沙朋友寓所中听到了这个噩耗，不由得痛哭失声，流泪写就挽联，以寄托哀思：

附公者不皆君子，间公者必是小人。忧国如家，二百余年遗泽在

庙堂倚之为长城，草野望之若时雨。出师未捷，八千里路大星颓

湘舟夜话，给左宗棠留下了难以磨灭的印象，林则徐的激励和鞭策，促使他坚定了抵御外侮、富国强兵的志向。二十余年后，左宗棠亲自率军出

关，收复新疆。在这片林则徐倾力建设过的地方，他的耳畔仿佛仍回响着那天晚上林则徐的谆谆话语。为此他奏请在新疆建省，强化防务，屯田垦荒，兴修水利，努力将林则徐生前的意愿一一付之实行。当然，这是后话了。

两入戎幕

　　咸丰二年（1852）八月廿五傍晚，新任湖南巡抚张亮基正在长沙官署内焦急地来回踱步。街上报时的钟鼓声传来，张亮基知道已到六点，走到窗前，抬头看见长庚朗耀，脑海里却充斥着模糊血肉与断壁残垣的战场景象，喊杀声与哀号声似乎不绝于耳。他不禁喃喃自语："长沙能度过这一劫吗？左季高会来吗？"

　　张亮基是在几天前来到长沙的，只不过，与往常赴任入城的风光排场相比，这次入城的方式着实不寻常——他是通过长梯爬进长沙城的。之所以如此狼狈，是因为长沙城此时已被太平天国的军队大举围困，朝廷不断催促张亮基速解长沙之围，他只得硬着头皮，冒险从间隙穿越围城。张亮基面临的形势无比严峻：太平天国自去年在广西金田发动起义以来，不断发展壮大，今年五月太平军兵锋直指湖南，一路攻城略地，现在太平军主力兵临城下，如何才能守住长沙？张亮基自知军事非己所长，因此非常渴望能有一位擅长军事的幕僚帮自己运筹帷幄。

实际上，张亮基早在接到由云南巡抚改任湖南巡抚的诏书后，就开始物色军事幕僚的人选。当时担任贵州安顺知府的胡林翼得知后，立即向他推荐了左宗棠，称他"胸罗古今地图兵法""精通时务"，并特别提及，张亮基的伯乐林则徐同样非常欣赏左宗棠。张亮基闻言动心，于是在赶赴长沙的途中，即两度派人携带礼品前去延请，可等来的却是左宗棠的婉言辞谢。张亮基心知左宗棠有所顾虑，又写信给胡林翼，请他敦劝左宗棠出山，并令部下将领江忠源以朋友身份去东山延请。

左宗棠此时正率家人避乱于湘阴东山白水洞。面对张亮基的入幕邀请，他并非毫不动心，毕竟钻研兵学多年，如今正是施展抱负的机会，他岂会轻易放过？只是，他必须确定，张亮基是否对自己有足够的尊重和信任，否则，以自己刚烈倔强的性格，恐怕难以在幕府中立足。在接到胡林翼措辞恳切的敦促信，又见到亲自登门来邀的江忠源后，左宗棠明白，张亮基确实诚意十足，出山的时机到了。于是，他收拾好行装，向妻子告别后，即随江忠源赶赴长沙，通过绳索攀上城墙，进入了城中。

终于，在七点的钟声敲响之际，张亮基听到了仆人的禀告："举人左宗棠求见巡抚大人。"张亮基心头一喜，立刻吩咐道："快请他进来！"不多时，左宗棠便出现在张亮基的面前，正要行跪拜礼，张亮基却急趋上前，将他扶起，口中道："戎务紧急，季高不必拘礼。本院等候季高多时啦！"左宗棠闻言道："草民来迟，烦劳中丞大人等候，惭愧惭愧！"张亮基一面令人为左宗棠设座上茶，一面直入主题："如今匪首率大军围攻长沙，存亡只在旦夕间，季高有何退兵良策？"

左宗棠早有准备，不慌不忙地答道："回中丞大人，在下以为，当下有三事最为紧急：其一，速速调集城中旧存火炮，添置在城南。敌主力在城南，不久前匪首之一的萧朝贵正是被我军火炮击中而殒命，故火炮不但能杀伤攻城敌军，摧毁其掩护设施，亦能震慑敌胆；其二，派城内精锐部队与城外已赶到的援军里应外合，夜袭敌军营寨，扰乱其军心，破坏其补给；其三，强化城外东南的布防，自天心阁至新开铺一带扎营结垒，从侧翼威胁敌军，分散其攻城力量。"张亮基认为左宗棠的建议合情合理，不禁连连点头，吩咐部下立刻遵照办理，不得有误。

经过这番调整，太平军的攻势果然受阻，张亮基悬着的心得以暂时落地，他越发信任左宗棠，索性将军事行动全部交给他指挥。左宗棠日夜筹划，调配武器和兵力，强化城防，并密切关注着城外太平军的动向。一段时间后，他对张亮基分析说："贼寇背水面城，而我军援兵已到，扼断了其东北面的退路，他们已经自趋绝地。但是，西路的要隘在土墙头和龙回潭，贼寇如今不时过江掠夺粮食。如果我们先派一支部队渡到河西，阻断贼寇的逃路，就可以将其一举聚歼。"张亮基觉得言之有理，着手调派部队前往河西。然而，此时清军在湖南的指挥系统异常混乱，许多将领根本不服从巡抚统辖，迁延不进，贻误战机，反而中了太平军的埋伏；当太平军决定放弃长沙北进时，提督福兴竟没能按时赶到龙回潭防守，只能坐视太平军从容离去。左宗棠精心布置的聚歼战略就这样落空了，但张亮基对左宗棠精准的军事判断印象深刻，对他愈发信赖和倚重。

不久，受太平军影响，湖南"征义堂"的首领周国虞聚众四千余人，打出"劫富济贫"的旗号，在浏阳起事。面对前来问计的张亮基，左宗棠为他定下了三策：其一，"进兵宜神速，令其不测"，派江忠源以开赴江西为名，率军从驻地直扑浏阳；其二，攻心为上，一到浏阳就张贴告示，声称只捕杀造反首领，不问胁从，从而分化瓦解对手；其三，大张声势，联络当地团练，并力齐进，使敌人胆寒。江忠源依计行事，只用了十二天，就"斩首七百，解散万人"，将造反镇压下去了。左宗棠对自己的这次筹谋颇为得意，在家信中称："此事全是我与张中丞密谋办理，全省司道官员以下无一人知晓内情。"

咸丰三年（1853）二月，张亮基调任湖广总督，左宗棠也因功被保举为知县，继续作为幕僚辅佐他，并被张亮基委以军事指挥的全权，甚至批答公文和草拟奏折，都由他一人主持。左宗棠尽心尽力，日夜操劳。

然而，没过多久，左宗棠与张亮基的融洽合作就戛然而止了。这年十月，张亮基奉调山东巡抚，左宗棠不愿离开故乡湖南，只能忍痛与张分别，结束了自己的第一段幕僚生涯。

左宗棠回到湘阴东山白水洞，试图继续此前的隐居生活，可这份平静不到三个月就被打破了。咸丰三年（1853），太平军攻占南京，定都于此，随即派军北伐、西征。西征军溯江而上，势如破竹，很快再度攻入湖南。

时任湖南巡抚骆秉章眼见局势再度恶化，忧心忡忡，想起了曾力挽危局的左宗棠，于是几次三番派人到东山礼聘左宗棠出山。但左宗棠因此前虚耗心血却未得显名高位，心灰意冷，婉言谢绝。骆秉章满怀诚意却接连碰壁，一时没了主意。一位亲随见他连日愁眉不展，建议说："中丞大人莫急，我有一计，定能让左季高不请自来。"骆秉章眼前一亮，急切地说："快快讲来！"亲随如此这般地陈述了计策，骆秉章大喜，连称："好主意！就这么办！"吩咐属下依计行事。

不久，左宗棠在白水洞收到一封急信，信是陶家人送来的，称前日左宗棠的学生兼女婿陶桄被巡抚大人请进了巡抚衙门，从此就没再回家，第二天长沙街市上竟传言称，巡抚准备以陶桄为人质，向陶家索要一万两助军饷银。陶家人惊慌失措，只得来找左宗棠商量营救的办法。左宗棠见信大惊，他心里清楚，陶澍生前为官清廉，陶家怎么可能拿得出万两白银？而一旦陶桄有什么闪失，自己岂不愧对陶澍？看来只能自己亲赴长沙，向骆巡抚寻求转圜余地了。

三月初八，骆秉章在官署内接到了左宗棠投来的名刺。不过他并不着急接见，而是让仆人直接将左宗棠引入后花园。左宗棠步入花园，无心欣赏风景，稍一打量，便看见陶桄在园中凉亭内读书，身前桌子上笔墨纸砚、果盘、点心一应俱全。他急切上前问道："绍云，你没受什么委屈吧？"陶桄见是

左宗棠步入花园，无心欣赏风景，稍一打量，
便看见陶桄在园中凉亭内读书。

岳父，急忙行礼，诧异地说："小婿这几日蒙巡抚大人厚待，安置在院内静心读书，饮食用度供应丰足，并未受半分委屈。岳父大人何故到此？"左宗棠一听即恍然大悟，苦笑道："看来在下是自投巡抚大人设下的'罗网'了。"骆秉章这时也从假山背后现身，笑道："季高身负大才，本院急欲问计于你，奈何季高不肯出山，不得已出此下策，希望不要怪罪啊！"

左宗棠见骆秉章确实求贤若渴，来长沙一路又亲见百姓受战火波及而流离失所的境况，终于点头答应了骆秉章的邀请，再次进入湖南巡抚幕府赞襄军事。与张亮基一样，骆秉章完全将军务委托给左宗棠筹划处理，对他言听计从，后来甚至发展到，左宗棠起草处理的文书，骆秉章只管盖印签字，连检验复核的程序都免掉了。有了骆秉章的充足信任和授权，左宗棠得以放心大胆地自由发挥才干。

左宗棠所面临的首要挑战，就是对付湖南境内的太平军。当时，太平军已经占领靖港、湘潭等地，对长沙形成南北夹击的态势。而清军方面，曾国藩刚组建不久的湘军逐渐成为抗击太平军的主力。所以，左宗棠必须为湘军作战出谋划策，并筹集粮饷物资供应湘军所需。

为解长沙之围，湘军决定主动出击。当时，大多数将领都主张北攻靖港，因为这里作为湘江最重要的码头之一，是各地向长沙供应物资的咽喉所在。唯独左宗棠提出：相比靖港，南面湘潭的敌军对长沙威胁更大，其态势也相对更孤立，应该集中力量进攻湘潭。曾国藩没有完全听取左宗棠的意见，而是派主力南下湘潭，自己则率部分兵力进攻靖港。这种做法分散了本就有限的力量，导致靖港之战的惨败，曾国藩狼狈到几乎投水自尽。好在，南线的战斗还算顺利，湘军攻占了湘潭，解除了长沙南面的威胁。左宗棠鼓励曾国藩振作起来，利用这次胜利发动新的攻势。最终，湘军在广东、广西援军的协助下，迫使太平军回撤至武昌，湖南境内的战事暂告结束。

解了燃眉之急，新的难题又摆在左宗棠的面前：湘军奉命出省作战，需要湖南供应大量的军事器械和粮饷；协防湖南的各省军队，同样需要湖南提供各种物资。最多的时候，湖南一省要负担五省军费。如果无法及时筹饷，遭遇欠饷的军队随时有哗变风险；可湖南久经战火，物资耗竭，民众本就苦不堪言，无力负担沉重的税负，如果强行摊派，必然引起民众反抗，局势只会更加糜烂。那么两难境地之下，究竟要如何筹措军饷呢？

对此，左宗棠主要采取了两种办法。其一，是确定"军需公费"，将各地无限度的赋税"加派"规范化。当时，各地官员借筹措军饷的名义，肆意盘剥百姓，在原有正税之外，还不断征收名目繁多的"加派"，不仅将百姓逼入绝路，连中小地主都苦不堪言。湘潭的一位举人周焕南，到长沙上书，请求将"加派"固定为一两三钱，与原有正税相当，另加四钱供地方支出。这样，尽管百姓的负担比战前增加一倍多，但好歹不再像填无底洞一样绝望了。这一方案断了各地贪官的财路，自然招致他们的激烈反对。左宗棠了解情况后，认为这是一种相对合适的办法，力劝骆秉章采纳周焕南的建议，先在湘潭试点，随即在全省范围内推行。同时，他还大力整饬吏治，严惩贪官污吏，以保证新税制的顺利推行，减轻百姓负担。

其二，是发展商业、开征厘金。战后的湖南一度商业萧条，商业税的收入随之锐减。左宗棠认为，要增加收入，商业税是最具潜力的。于是，他在长沙开设盐茶局，引入广东、两淮等地的榷盐、榷茶，准许商人购入后贩卖到省内各地。在商品流通逐步发展起来后，他又在长沙设立厘金局，征收厘金，也就是各水陆关卡的货物通过税。这一举措虽然直接加重了商人负担，并间接抬高了百姓生活成本，但在短期内增加了官府的收入，填补了军饷的巨额缺口。

由于左宗棠协助湘军作战、接济军饷有功，在骆秉章的保奏下，清朝廷下诏为他加四品卿衔。

独当一面

　　咸丰九年（1859）秋，一则消息震动了湖南官场：巡抚骆秉章最为倚重的"师爷"左宗棠摊上了"大官司"，已被湖广总督官文召到武昌接受调查，据说即将面临严厉惩处。一时间，民间议论纷纷。长沙的一间茶馆内，大家也在讨论这件事。消息素来灵通的在籍举人王乔说："左师爷这次遭难，直接原因是被原永州总兵樊燮控告，说他伙同黄文琛等人诬告自己。"一旁的年轻士子赵锐插话道："就是那个因为骄纵贪婪被骆中丞两次弹劾的樊燮？他这是丢了官职后报复吧？"王乔点点头，补充道："骆中丞弹劾樊燮的折子就是左师爷起草的，樊燮不敢直接告骆中丞，自然拿左师爷开刀。"有国子监生头衔的张远分析道："听说左师爷恃才专断，性子刚烈，这几年大力整饬吏治，严惩贪官，得罪了不少人。这次恐怕是积怨爆发的结果吧！"退休在家的前同知尤庠不紧不慢地接茬道："我倒觉得不止如此。且不论总督大人是否知道樊燮可能是报复诬告，单说这几年，咱们湖南曾中堂、骆中丞以及湖北胡中丞（胡林翼）等汉人督抚屡立功勋，风头无两，官中堂作为满人，岂会乐见？想必也有借此事打压他们的意图吧。"赵锐撇嘴道："哼，左师爷为湖南立了大功，谁不知晓？如果他这样的大才因官场倾轧而被废黜，那不是让大家寒心吗？真是可悲可叹！"众人听了，不禁默然。

其实，此时的左宗棠并没有如传言中那样被召到武昌，但的确身陷"樊燮案"漩涡之中，承受了很大的压力。他很清楚，自己近几年协助骆秉章大力整饬吏治，不留情面，得罪了不少人，遭遇报复是迟早的事，何况某些人还想要以此案为由头，寻找扳倒骆秉章的"证据"。左宗棠深切感受到官场之险恶，他不愿牵连骆秉章，于是在咸丰九年

（1859）底离开幕府，结束了前后长达八年的幕僚生涯。

次年（1860）正月，左宗棠准备赴北京参加"恩科"，却又听说"樊燮案"余波未消，仍有人意图构陷自己，一时间寒心不已。适逢儿子病重，左宗棠归乡照料，心情更加灰暗。

这年五月初八，左宗棠忽然接到了朝廷的谕旨，授予他四品卿衔，要他襄办曾国藩军务。左宗棠对朝廷的破格起用大感意外。其实，左宗棠的这次"时来运转"，背后是几位朋友的鼎力相助。尤其是他的同乡好友郭嵩焘，他了解左宗棠的才华与刚直，于是向侍读学士潘祖荫大力推荐。潘祖荫尽管不认识左宗棠，但出于爱惜人才的考虑，毅然向咸丰皇帝保举左宗棠，指出他是无辜的，而且为保卫湖南做了很大的贡献，"国家不可一日无湖南，即湖南不可一日无宗棠也"。咸丰皇帝此前对左宗棠的军事才能已有所耳闻，潘祖荫的奏折大大加深了他对左宗棠的好感，于是又向曾国藩征求意见。曾国藩上疏回复称左宗棠"刚明耐苦，晓畅军机"。咸丰皇帝就此下定了起用左宗棠的决心。

左宗棠得到朝廷的正式任命，终于拥有了能够施展才干的舞台。曾国藩委托左宗棠尽快建立一支独立的军队，以便支援自己在安徽的作战。这与左宗棠自立门户的愿望不谋而合，因此他全身心地投入到建军事业上。

要建立一支军队，首先要选用将领、募集士兵。左宗棠认为"治兵以选将为要"，将领的气质决定了部队的战斗风格与强弱。由于在幕府时就对湖南的将领十分熟悉，因此他首先礼聘已故著名湘军将领王鑫的弟弟王开化作为"总理营务"。之所以选择王开化，不仅因为王氏兄弟手下有名为"老湘营"的旧部可用，也是因为左宗棠原本就非常欣赏王鑫勇猛无畏的作战精神。除王开化外，左宗棠还延揽了崔大光、李世颜等九位"勇敢朴实"的湘楚旧将，让他们到湖南各地去招募士兵。

当初曾国藩创立湘军，士兵基本是从自己家乡湘乡招募的，彼此多为亲友故旧，这样队伍较为团结、忠诚，便于管理控制。缺点是随着地位的上升，这些人倚仗功劳和盘根错节的关系，往往变得骄纵难驯。左宗棠的招募理念则不同，他不太在乎士兵的籍贯，只要求所募士兵"精壮"、能"拼命打硬仗"。在人数上，左宗棠也不主张搞大规模，而是要练精兵。士兵到位后，左宗棠将其分为四营（每营五百人）、四总哨（每总哨三百二十人），另选精壮二百人为亲兵，加上王开化"老湘营"一千四百人以及火勇（炊事兵）、长夫（运输兵）等，总计五千四百人。左宗棠将这支军队命名为"楚军"。

有了将领、士兵和建制只是建军的第一步。要想让军队具备战斗力，就必须进行训练。左宗棠充分借鉴明代戚继光等名将的治军方法，并吸收湘军的一些经验，对士兵进行三方面的训练。首先，是"练心"，一方面灌输"忠义"等思想，强化士兵的服从意识、团队意识；一方面通过模拟各种艰难困苦的环境，磨炼士兵的意志；其次，是"练胆"，使士兵直面战场中的各种危险场面，帮助其克服胆怯心理，增强胆魄，敢于拼杀；最后，是练技术和气力，学习使用各种武器的方法和技巧，增强体能储备。当然，左宗棠深知，要保证以上训练和要求能够落实，需要有铁的纪律作为保障，所以他在军中铁面执法，对有功者不吝重赏，对违反纪律者绝不姑息。

从五月到八月，左宗棠带领楚军进行了艰苦的训练，每天亲自到场督促，终于使这支新军具备了一定的战斗力，可以开赴战场了。

当时，曾国藩正以安徽祁门为据点，指挥湘军围攻太平军在安徽最重要的据点——安庆。而太平军则派忠王李秀成、英王陈玉成分南北两路沿江西进，准备攻克武昌，迫使湘军放弃安庆回援。太平军的攻势凌厉，曾国藩祁门大营与安庆前线的联系被切断，东、西、北三面受敌，只剩下南面的景德镇作为其联系江西的门户。左宗棠受命率军开赴景德镇，以缓解祁门的压力。此时，太平军一部也在侍王李世贤的率领下进军赣北，双方围绕景德镇展开了激烈争夺，互有胜负。咸丰十一年（1861）二月底，太平军发动猛攻，一举拿下景德镇。左宗棠被迫撤退到乐平。

楚军将士因景德镇丢失而普遍情绪低落，但左宗棠没有灰心，而是通过对战场形势的分析，敏锐地捕捉到了反击的时机。他召集全军，鼓励大家：

"此战我军虽暂时撤退，但实力并未严重受损，敌人夺下景德镇，下一步必然转而北攻祁门，从而放松对我们的警惕。这正是反击的好机会！诸位将士无须气馁，当振作精神，只管奋勇向前，随我亲手将失地夺回来！"将士们士气为之一振，加紧准备反攻。鉴于此前战斗中太平军骑兵表现活跃，左宗棠命军士挖掘壕沟，构筑掩体，又引水塞堰，使其满溢，将周围地区变得泥泞，从而限制敌军骑兵的行动。

李世贤本已领兵北进，听闻楚军卷土重来，就调转方向，率数万军队围攻乐平。楚军人数虽少，但凭借着乐平背山面河的有利地形，加上预设的工事，大大削弱了太平军骑兵的作用，激战一天而不落下风。次日，战场上天气突变，风狂雨骤，左宗棠判断反击时机已到，果断命刘开化、刘典等部将兵分三路，出其不意地发起了反冲击。楚军在此前的"练心""练胆"中已经对恶劣天气中作战有了一定的经验，因而不顾风雨，纷纷跃出堑壕，奋勇向前，太平军难以抵挡，狼狈败走，伤亡万余人，被迫撤入浙江。楚军乘胜追击，收复景德镇。此战，楚军以六七千人的兵力击败数万敌军，巩固了祁门的南路，令在休宁刚遭到惨败的曾国藩绝处逢生。曾国藩大喜过望，向清廷为左宗棠请功，清廷授予左宗棠正三品衔。

八月，湘军终于攻克了安庆，从上游直接威胁太平天国的首都天京（今南京）。太平军则在浙江发动了几次攻势，占领除衢州外的浙江全省。曾国藩向朝廷保举左宗棠为浙江巡抚，令他率领楚军进取浙江。

左宗棠虽然受命独当一面，但手下的军队只有八千人，与浙江的太平军相比显得十分单薄。基于这种形势，左宗棠定下了"宁肯缓进，断不轻退"的作战原则。他首先集中力量击破皖南的太平军杨辅清部，巩固自己的后路。然后一面从广西、湖南等地征调部分军队前来支援，一面带领本部开赴衢州。入浙作战开始并不顺利，太平军沿途袭扰抵抗，请求的援军又迟迟未到，因而一度出现左宗棠以数千兵力策应七百里战线的情形。但他凭借在幕府中运筹帷幄的成熟经验，面对复杂的战场情况保持了一贯的冷静和缜密，指挥自若，连曾国藩都十分佩服其严谨从容。

左宗棠在军事上步步为营，在人事上的动作却堪称大刀阔斧。上任浙江巡抚后，左宗棠立即向朝廷上奏，一口气撤掉了十七名守土不力、贪纵枉法的官员。手下谋士委婉提醒他："您上任伊始便铁腕立威，固然大快人心，只是浙江官员对您尚不了解，若不恩威并施，难免人人自危，以后的工作恐怕不好开展啊。"左宗棠不以为然，正色道："浙江军务败坏，根源就在于历任督抚全不知兵，一味纵容属下，军令不能通行。时间既久，大小官员都成了庸官、贪官，恩不知感，威不知惧，局势因而涣散难救。不下猛药，便不能破除痼疾；不能除旧，如何布新？"他一面持续整肃吏治，一面不拘一格地起用有真才实学的官员。在率军入浙前，左宗棠注意到一名叫魏喻义的湖南绿营军官，当时因擅杀裨将而遭到解职查办。左宗棠了解到，他杀死裨将是因为裨将侵吞军饷，引起众怒。左宗棠怜惜魏喻义"朴实廉洁"又有正义感，于是救下了魏喻义，并将他调到楚军中任职。魏喻义感激涕零，一直渴望立功报答左宗棠。在楚军收复浙江严州的战斗中，魏喻义见城池久攻不下，主动请缨，带领一千名敢死队员，半夜爬上城墙，与敌军短兵相接，凶悍异常。敌军不及防备，纷纷外逃，城外楚军趁机攻入城池，占领了严州。

浙江多河湖，适合行船，左宗棠到浙江后，意识到水军的重要性，于是招募水勇、训练水战技术，又从外国商人处购入火轮、舰炮等军械，装备水军。拿下严州后，左宗棠采用水陆并进的策略，稳步向浙江首府杭州推进。太平军集中兵力扼守杭州上游的富阳，左宗棠出动水军主力，依靠优势装备，在富春江上击毁太平军船只数百艘，重创了浙江太平军的水军力量，使其无力再战。同治二年（1863）四月，清廷擢升左宗棠为闽浙总督，节制浙江、福建军务。

楚军虽然在富春江水战中取得了胜利，但围攻富阳的陆战却不顺利，太平军顽强防守，楚军中出现疫病，连左宗棠都感染了疟疾。清廷急于平定太平天国，采取"借师助剿"的策略，勾结英、法等国冒险家，组织"常胜军""常捷军"等雇佣军，共同围剿太平军。左宗棠对此充满警惕，不止一次地提醒清廷，对于外国雇佣军若不予以限制，必将造成尾大不掉的局面，白白浪费艰难筹集来的军饷不说，还会给海疆带来积弱不振的忧患。不过，平定浙江毕竟是头等大事，左宗棠对于作战英勇的法国雇佣兵也给予了表彰和肯定。到次年（1864）初，楚军在"常捷军"的配合下，攻克金华、绍兴等地，包围了杭州。

二月下旬，杭州的太平军内部发生动乱，左宗棠趁机命楚军发动总攻，用火炮轰塌了一处城墙，太平军见势不妙，连夜弃城出逃。左宗棠入城后，立即严禁掳掠，禁止士兵进入居民区，同时招商开市，奏请朝廷减税减赋，以便百姓休养生息。经过左宗棠的努力，浙江的局势渐渐平复下来。

初创船政

    同治三年（1864）九月十六日，在宁波海关担任税务司的法国人日意格应闽浙总督左宗棠的邀请，到杭州与中方商讨解散中法混合雇佣军的事宜。商谈结束后，左宗棠邀请日意格到西湖参观自己主持仿造的西式小轮船。日意格仔细打量，只见湖面上这艘小轮船外形上与常见的法国轮船相仿，但仅能容纳两人，行驶速度也很缓慢。他有些好奇地询问左宗棠："总督阁下，据我所知，贵国眼下并没有制造新式轮船的机器，而且即使是在我们法国的船厂里，出于成本和模具等原因，也不会造这样小的轮船，那么您是怎样造出这艘船的呢？"

    左宗棠指了指身后一位头发花白、神态恭敬的老工匠，回答道："这位老师傅是杭州城中出名的能工巧匠，我礼聘他以你们英法舰船做模型来仿造轮船，这艘船便是他带领徒弟花费数月造成的。"

日意格难掩惊讶："也就是说，这艘船是用手工的方式打造的？"老工匠点点头，表示肯定。

"很好，总督阁下。"日意格拍手说道："这证明中国人是非常聪明的。"

左宗棠当然清楚，日意格的评价带有礼貌性质，但仍微微颔首作为回应。他随即表示，这次请日意格来，正是为了搞明白，这艘船为什么速度缓慢。日意格请求靠近轮船仔细观察，左宗棠点头应允，命人将船靠岸，让日意格登船观察。

两刻钟后，日意格回到岸边，回复左宗棠道："总督阁下，这艘船的轮机（蒸汽发动机）机械结构不完善，导致动力不足。"左宗棠询问："依你看，这艘船当如何改进？"日意格面露难色："总督阁下，恕我直言，蒸汽发动机内部机械构造相当复杂，光靠手工是不可能仿制出来的。比较好的办法是，直接购入轮机乃至整艘轮船。我国在宁波的造

日意格难掩惊讶："也就是说，这艘船基本是用手工的方式打造的？"老工匠点点头。

船厂，轮机也是直接从马赛运来的。总督阁下若有意购船，我愿为您牵线搭桥。"

左宗棠不置可否，又问道："我听你的同胞德克碑（"常捷军"首领）说，你们法国的造船厂，使用机器制造轮船，每年能生产几十上百艘火轮。若是我国也能建立起自己的船厂，造船就甚为便捷了。不知阁下怎么看？"

日意格心想：总督阁下好大的口气，船厂岂是说建就建的？不过表面上，他仍委婉表示："设厂造船，效率当然较高。但一来需要引入整套设备，还要有充足的原料供应，成本巨大；二来所需配套的机械、维护、驾驶人才，贵国目前尚十分缺乏。这些困难恐怕不好解决。"

左宗棠听出了弦外之音，仍追问道："这些难处的确存在，不过我对贵国船厂着实很感兴趣，前几日德克碑赠我船厂图册，翻看甚觉有趣。若真有适当时机，我国自行设厂制船，阁下是否愿意协助？"日意格也未多想，满口应承："当然愿意为总督阁下效劳。"随即又补充道："目前总督阁下还是多考虑租借或订购我国整船为好。我返回宁波后，即将新式火轮图册寄赠给您，相应的维护技师，我也可以代为招募、介绍。"左宗棠颔首表示感谢。

日意格告辞后，左宗棠将目光转向身旁侍坐的"红顶商人"胡光墉："雪岩，适才日意格所言，你怎么看？"胡光墉起身，恭敬地答道："回宫保大人，下官以为，从投入上看，日意格所言有其道理，眼下设厂造船之成本远高于租借或购买外国整船。"

左宗棠轻轻摇头道："当今新式军械，最重要者，即火器与轮船。若论复杂精密，又以轮船为最，英法诸国横行海上，正是依赖轮船。仿造火器，国内已有先例；仿造轮船，尚无完全成功者。今日试验，结果你也看到了。仿造之难，如日意格所言，关键在于轮机制造之技术。可制造轮船之事，岂能知难而退？购置轮船，是用于海防和缉捕盗贼。而我朝海防之大患，不正是来自英法诸国吗？和平之时，他们愿意卖船给我们，一旦两方干戈再起，我们又从何处购船？况且船上之技工均系英法之人，战端一开，他们不愿继续服务，已经买到的轮船不也成了无用废铁吗？不把造船技术完全掌握在手里，不能培养自己的维修、驾驶人才，则海防断不可能真正巩固。"

胡光墉赶忙道："宫保大人所虑甚是。下官商人出身，见识短浅，听大人方才之语，醍醐灌顶，这才理解大人坚持仿造轮船乃至自行设厂造船的苦心。"左宗棠摆手道："雪岩不必自轻。设厂造船，绝非易事。闽浙初定，诸事繁杂。我眼下尚需对付太平余孽，没有精力专门筹谋此事。你素来机敏精干，八面玲珑，又熟悉洋务，所以还要仰赖你与洋人周旋交涉、搜集情报，预做准备啊！"胡光墉连连点头："下官必当尽心竭力。"

接下来的两年时间里，左宗棠为歼灭太平军余部，转战福建、广东等地，戎马倥偬，但他心头始终惦记着设厂造船的大事。同治五年（1866）春，清政府在英国驻华参赞威妥玛、总税务司赫德的游说下，准备购买、雇佣英法新式轮船，下诏沿海督抚讨论此事。对此，左宗棠当然是不赞同的，因为他向来认为，在轮船问题上，"借不如雇，雇不如买，买不如自造"。

但左宗棠由此事也意识到，自己"怀之三年"的设厂造船愿望，是时候付诸实施了。于是他提笔写下一份名为"拟购机器，雇洋匠，试造轮船，先陈大概情形"的奏折，洋洋洒洒数千字，详细陈述了设厂造船的必要性、设厂造船面临的实际困难及其应对之法，将自己多年的思考和筹谋，向朝廷全盘托出。

在当时，设厂造船乃非常之举，引起了不少守旧人士的诽谤议论。比如，有人鼓噪称："学习西洋技艺会使人误以为孔孟之道为无用之学，到时候会造成人心解体，导致国破家亡。"对此，左宗棠反驳道："学习国外技术并不可耻，一味守旧绝不光荣。兴海洋之利是中西各国共同的需求，西方有先进的技术不去学习，却安于自己落后的状况，就好比别人乘船渡河，自己非要坚持结小木筏；别人骑骏马赶路，自己非要骑慢驴，这怎么能行呢？况且，学习国外技术历史上早有先例，明朝以前并无金属火炮，明朝引入火炮，通行至今，既然火炮可以仿制，轮船有何不可呢？"

最终，在恭亲王奕䜣、重臣文祥的支持下，朝廷批准了左宗棠的提议，授予他筹建"福州船政局"的全权。

接下来的几个月里，左宗棠在日意格、德克碑、胡光墉等人的协助下，开始了紧张的筹办工作。首先要确定的，就是具体的办厂地址。左宗棠不顾盛夏炎热，顶着烈日，亲自到距离福州二十公里的马尾镇考察、勘测。确定这里是形势险要、港宽水深的理想造船场所后，左宗棠购买了马尾山下三百二十八亩民田作为厂基。

其次，是确定船政局的基本架构。左宗棠参考英、法等国的既有经验，决定兴建一座配套设施齐全的综合性船厂，包括模厂、铸铁厂、船厂、轮机厂、船槽、船坞、宿舍等。为便利资源调配，左宗棠设立船政局提调一职，总揽其事，由护理福建巡抚周开锡和胡光墉共同担任。此外，还专门设立"求是堂艺局"，教习轮船制造和驾驶技术，要求学员通英法语言、明演算绘图之法，切实把轮船的核心技术掌握，为日后独立造船、用船打下牢固基础。

再者，是要解决办厂所需的设备和技术人员问题。左宗棠以日意格、德克碑为船厂正、副监督，通过他们向法国订购蒸汽轮机等设备；同时重金招募外国技术人才，与其签订合同，要求他们必须"教习中国员匠自按图监造并能自行驾驶""尽心教艺者，总办洋员薪水全给；如靳不传授者，罚扣薪水"。合同由法国驻上海总领事白来尼画押担保，"令洋匠一律遵守"。为了防止洋人利用"治外法权"来抵抗福州船政局的约束，左宗棠还特意与日意格进行了约定，让他们放弃"治外法权"。

最后，他还为船政局拟定了一份简要的五年规划，提出要在五年内照"外洋兵船样式"，制成150匹马力的大轮船11艘、80匹马力的小轮船5艘，正、副监督日意格、德克碑的实际薪酬与生产指标的完成度挂钩，以此激发他们的积极性。

就在筹办工作紧张推进之际，清政府却突然下达诏书，调左宗棠到西北去担任陕甘总督。原来，当时陕西、甘肃一带爆发回民叛乱，加上捻军也在陕西活跃，局势紧张，清廷为收拾烂摊子，只能派精通军事的左宗棠前往。

眼见要"西行万里"，左宗棠固然愿意为国纾难，可又怎么能放得下自己心心念念的船政大业呢？为了不使船政局中途夭折，他一面向朝廷再三申明，船政事业势在必行，即使自己离开福建，也绝不能"忽为搁置"；一面"日夜计画"，加紧筹办进度，以期"章程周妥"。而当务之急，就是要物色一位能够接替自己全面主持船政事业的人才。思来想去，他把目光对准了林则徐的女婿、前江西巡抚、正丁忧在籍的沈葆桢。两人本就相识，以往也有合作，更重要的是，沈葆桢思想开放，虑事详审周密，是左宗棠很欣赏的人才类型。

为了请沈葆桢出山，左宗棠先是致函说明情况，然后亲自到沈葆桢在福州宫巷的住所拜访。左宗棠深知林则徐对沈葆桢的重要影响，刚一落座，就以情动人，深情地回顾了自己与林则徐的交往，重点强调林则徐对海防建设的重视，将办好船政局对强化海防以及继承林则徐遗志的意义娓娓道来。眼见沈葆桢听得动情，频频点头，左宗棠心想：看来幼丹（沈葆桢的字）出山有望矣。出乎意料的是，沈葆桢虽非常认同办好船政的意义，也很感激左宗棠的登门延请，但仍以"重孝在身"为由，婉拒了出山邀请。

左宗棠不好勉强，回到官邸后，细一琢磨，感觉沈葆桢并不是排斥接手船政，而是有现实的顾虑。既然如此，那就必须打消他的顾虑。于是，没过多久，左宗棠再次来到了宫巷沈宅。不过这次他不是孤身前来，而是把周开锡、胡光墉、日意格等船政干将都带上了。左宗棠将他们向沈葆桢一一介绍后，郑重地向他表示："幼丹贤弟，愚兄既然选择你继任船政，就是百分百地信任你，一定奏请朝廷授予你办理船政的全权。船政局所需一切资源，绶珊（周开锡的字）、雪岩等作为提调，必当听命于你，全力配合，一如现在听命于愚兄。局内日意格、德克碑两位洋员，在各项技术事务上皆须向你报告，根据你的决断来执行，断不会出现政令不通、洋人自重之事。一句话，你尽管大胆放手去做！"这次，沈葆桢态度明显松动，但仍有些许犹豫。左宗棠看在眼里，贴心地说道："船政关乎重大，愚兄知道贤弟还需要一些时间考虑，不必急于回复，愚兄过几日再来。"

几天后，左宗棠如约第三次踏入沈宅。这次，他直接带来了清廷任命沈葆桢为"总理船政大臣"的诏书，诏书确认了沈葆桢总揽船政事务的权限，还授予他"专折奏事"之权。左宗棠将诏书交给沈葆桢，又亲切地握住他的手说："幼丹啊，愚兄深知，船政事务繁剧，反对者气势汹汹，这是个凶险的差事。然而正如林公生前所言，'苟利国家生死以，岂因祸福避趋之'？愚兄素知贤弟是心系家国百姓之人，所以才放心把这副重担托付给你。但愚兄也断不会就此撒手不顾，独留你一力支撑。今后船政若出问题，皆系愚兄初创时思虑不周，绝不推卸责任；各项新的创设措施，凡需奏请，愚兄皆愿与你列名联署，共同进退，以期稍稍减轻贤弟承受之压力，早日完成船政大业。"一番话说到了沈葆桢的心坎里，他当即向左宗棠深施一礼，郑重承诺："葆桢不才，劳烦宫保大人三顾，关怀呵护备至，如若再扭捏迟疑，岂非惺惺作态、愧对朝廷与生民？弟愿接手船政，必定竭尽微力，将宫保大人开创之事业继续发展下去！"左宗棠如释重负，朗声笑道："幼丹既出，船政便走上正轨，愚兄可以放心西行咯！"

　　同治五年（1866）十一月十二日，左宗棠启程离开了福州。此后的日子里，纵使远隔千里，他仍时时挂念着船政事业的进展，与沈葆桢保持密切的书信往来。船政局成功制造第一艘千吨级兵商舰船"万年清"号、第一艘巡洋舰"扬武"号、第一艘钢甲舰"平远"号等消息传来，每每使得他欣喜不已，兴奋地向朋友们广而告之；而继任闽浙总督吴棠、内阁学士宋晋等人攻击、阻挠船政事务的消息，则令他怒不可遏、拍案而起，屡次愤然向清廷上书，作不屈不挠的斗争，终于使船政局转危为安，得以继续发展。

经略陕甘

　　同治六年（1867）正月初一，55岁的左宗棠在汉口度过了一个温馨与辛酸并存的新年。实际上，自从咸丰二年（1852）进入幕府参谋军事以来，十多年中，由于事务繁剧，他几乎从未和家人一起度过新年。此次受朝廷之命赴陕甘督办军务，行至湖北，为等待部队集结完成，左宗棠决定在汉口停驻一段时间。与往常一样，即使到了年关，左宗棠依然有忙不完的公务——拟定西征的军事方略、征调各省旧部、置办军械粮饷，等等。跟随他多年的几位侍从，早就适应了他这种高强度的工作节奏，倒也见怪不怪了。不过，到了除夕，他们惊讶地发现，左宗棠这天居然破天荒地没有办公！

原来，左宗棠是要专门接待从福州赶来的妻子周诒端和从长沙赶来的二哥左宗植两位亲人。对于妻子周诒端，左宗棠向来满怀感激和愧疚。多年来，妻子不但一肩承担起操持家务、抚育儿女的重任，没有丝毫怨言，而且总是理解、支持他的事业，在家书中从不过多谈及家中琐碎事务，全都是在关心他的饮食起居、军中情形以及交流读书心得，虽远隔千里、聚少离多，但尺素之间所传达的思念与温暖，每每令左宗棠为之心折。这次夫妻相见，妻子依旧竭力展现出笑颜，以免使丈夫过于担心自己，但眼见妻子两鬓的青丝已变白发，曾经白净柔嫩的皮肤因终年操劳而变得很粗糙，又想到自己此去西北，不知何年何月才能回返，左宗棠百感交集，情难自抑，握着妻子的手，久久无言。年后没几天，妻子登船回湘阴，左宗棠赶到江边送别，夫妻俩凄然相对，互相好言慰勉，但彼此心中都隐隐知道，再会之期恐怕很遥远了。

至于二哥左宗植，也是明显变得年老体衰、情绪低落，左宗棠看在眼中，忧在心头。侍从们发现，初一晚上的家宴中，左宗棠一反常态，分外活

左宗棠赶到江边送别，夫妻俩凄然相对，彼此
心中都隐隐知道，再会之期恐怕很遥远了。

跃，不仅频频起身向兄长敬酒，而且很有兴致地朗诵起兄长曾经写过的诗词篇章。左宗棠这副不拘小节、沉湎诗酒的样子是他们很少见到的。然而，左宗棠不过是以这种姿态压抑和掩盖自己内心的悲凉与辛酸罢了。此后，左宗棠再没能和妻子、兄长重逢，两人均在他征战西北期间病逝。

与七年前第一次率楚军出征时的踌躇满志相比，左宗棠此次西征陕甘，情绪明显低沉许多。因为他明白，自己所面对的困难将是前所未有的：陕甘地瘠民穷，阶级矛盾、民族矛盾都极为尖锐。在陕西活跃的捻军本就是流离失所的贫苦百姓组成的反抗武装，大部分是骑兵，机动能力强，行踪飘忽不定，极难对付；主要盘踞甘肃的回民武装，产生根源则是复杂而激烈的民族矛盾，加上宗教因素的催化，形成了既难彻底剿除也难真正安抚的困局。

尽管左宗棠已经做了心理准备，但征讨捻军的过程，却比想象中还要艰难得多。捻军在首领张宗禹的指挥下，将骑兵的机动优势发挥到极致，纵横驰骋于黄土高原，屡屡突破左宗棠精心设计的围堵，使清军顾此失彼、疲于奔命。这年冬天，为策应友军，捻军采取"围魏救赵"的策略，突然渡过黄河，东出彰德、大名。左宗棠尽力尾追捻军，却依旧赶不上其速度，捻军的前锋甚至到达了卢沟桥，北京城陷入一片恐慌。慈禧太后极为恼怒，再次下诏，切责左宗棠等将领，限他们一个月内将捻军全部歼灭。可是即使参战清军总数已达十万，却依旧处于被捻军牵着鼻子走的窘迫局面，左宗棠无计可施，苦苦支撑。直到同治七年（1868）六月，捻军才因为在转移途中遭遇河水暴涨，陷入清军重围，最终宣告失败。

经过这次作战，左宗棠清楚地看到了清军的虚弱、清政府的腐败低效，以及民众深重的苦难与难以压抑的愤怒。他确信，单纯的军事手段根本不足以解决陕甘动乱频仍的问题，必须将安抚和建设放在重要的位置，缓解紧张的社会矛盾。所以，当左宗棠到北京面见慈安和慈禧太后，被问及"多长时间能解决陕甘问题"时，他非常谨慎地说："非五年不办。"

回到西安后，左宗棠召集属下，讨论处置回民叛乱问题的方案。当时，很多将领和官员在回汉矛盾上一味偏袒汉族，秉持"以汉制回""护汉抑回"的观念。如陕西团练大臣张芾就公然叫嚣"见回不留"，主张将回民武装"焚杀净尽"。左宗棠听了张芾等人的激烈发言后，感到相当忧虑。他缓缓扫视一周，用目光示意众人安静，然后开口道："此次陕西回汉之间相互仇杀的恶性事件，事起细微，皆因平时积怨过深，成此浩劫。此时如专言'剿'，且不论回民诛不胜诛，即使暂时将他们镇压下去了，也是后患无穷，依旧不可能有真正结束的那天；况且回民自唐代以来，就与汉民杂处，已经在这片土地上生存繁衍了一千多年，早已别成气类，岂有全部诛杀，不留遗种的道理？如专言'抚'，而对良民与匪徒全无区分，一概赦免，则只会助长回民中奸佞不法之人的气焰，那么从前遭受残酷戕害的数百万汉民，其冤痛未得到伸张，怎么可能就此信服，而不在日后发起报复呢？所以，办理之法，只能是'不论汉民、回民，只辨良民、匪徒'，对匪徒痛加剿灭，对良民尽心安抚，以期解开长久的纠纷和仇怨，使百姓共享升平之乐啊。"众人听了这番入情入理的话，多少也感觉到以往的处置方法过于粗暴无理，难有成效，沉默片刻后，纷纷表态："谨遵左帅方略！"

方略既定，左宗棠将大本营西迁到陕西乾县，调兵遣将，准备进兵甘肃。当时，甘肃的回军主要有三支：北有马化龙部占据灵州（今宁夏吴忠）一带；南有马占鳌部占据河州（今甘肃临夏）；西有马永福部占据西宁（今属青海）。而其中，尤以马化龙部最难对付。

马化龙是一个典型的宗教首领兼封建主，用新教笼络和控制回民。他所盘踞的金积堡，不仅地势险绝、易守难攻，而且控扼黄河要津，可以与西北各省及蒙古各部互通贸易，赚取丰厚的收益。马化龙利用巨量财富，环绕金积堡建起五百多座堡寨，令部属分别占据其间，又大肆掠夺汉民的产业和财物。当时，穆图善代理陕甘总督，马化龙表面上对穆图善表示顺从，输送大批钱粮，取得了穆图善的信任，被授予提督头衔；可私下里他却加紧增修堡寨、购买马匹、制造武器，收拢退入甘肃的陕西回军，意图不轨。

左宗棠经过侦察，得知了马化龙的小动作，很厌恶这种两面三刀的行径。当左宗棠指挥部队西进时，马化龙一面暗中招募军队，一面上书，代陕西回军请求招抚，以探察左宗棠对他的态度。左宗棠接到马化龙的书信，对他的意图洞若观火，回信表示："是剿还是抚，本帅并无成见；只是担心个别人有求抚的言语，却无求抚的真心，暗中有所谋划。"马化龙在左宗棠这里碰了钉子，就试图挑拨穆图善和左宗棠的矛盾。穆图善果然轻信马化龙，上书朝廷，请求由马化龙去安抚回军部众，清廷不知实情，予以批准。此时，刘松山等将领已经在前线开始进攻金积堡外围，马化龙毫不示弱，进行反击。穆图善见状，又站出来指责刘松山"激成事端"，实际上是暗中批评左宗棠"逼良为叛"。左宗棠愤怒地准备上书辩解，幕僚饶应祺赶忙提醒他："穆图善既是旗人，又是前任，左帅您纵使占理，与旗员作口舌之争，也难免吃亏；而与前任争论是非，舆论会觉得您不够厚道。"但左宗棠却坚定地表示："事关军国，兼涉中外，岂容退缩？"横下一条心，绝不妥协退让，定要剿除马化龙部，杜绝后患。

马化龙在金积堡经营多年，兵粮武器皆充足，清军仅仅拔除外围据点，就付出了相当大的代价；马化龙趁机派军出击外线，牵制清军，一时兰州震动，左宗棠压力倍增。更糟糕的是，清军前线主帅刘松山在战斗中被火炮击中，伤重而死，清军士气因此大受影响。消息传来，左宗棠也忍不住为爱将之死落泪。战斗进行到白热化的地步，除了军事较量以外，也变成了双方主帅意志力的比拼。这一年，左宗棠已年近六旬，须发皆白，疟疾和痢疾不时发作，还经常会受到外界舆论的攻击，身心俱疲。很快，他又收到了妻子病逝的噩耗，哀痛成了心头挥之不去的阴霾。然而，纵使困苦至此，在平叛这个底线上，左宗棠也不愿后退半步。他咬紧牙关，努力振作起来，开始重新部署平叛策略。这其中最紧要的，就是尽快确定新的主将人选。左宗棠经过考察，选定了刘松山的侄子、年仅二十六岁的刘锦棠接替刘松山之职。刘锦棠虽然年轻，但此前在刘松山帐下担任营务总理，熟悉军情，又因为叔父之死而燃起复仇之火，所以作战非常勇猛。

左宗棠一方面收缩兵力，避免将战线拉得过长，同时增调援军，强化清军外围据点的防守。马化龙想要故技重施，出击外线，几次都因清军防守稳固而未能得手，叛军士气开始下降。左宗棠则趁机缩小包围圈，稳步向中央推进，并动用从普鲁士购买的新式火炮轰击金积堡。最终，马化龙无计可施，只得缴械投降。金积堡战役结束后，马占鳌、马永福等部先后被迫缴械投降。同治十二年（1873），清军攻克肃州。至此，陕甘完全平定。

在指挥军事行动的同时，左宗棠也没有忽略建设陕甘的大计。他努力安顿劫后余生的陕甘百姓，清理和编制户口，减免赋税，鼓励他们开垦荒地、恢复生产；为防止回汉矛盾再度激化，左宗棠严厉打击挑拨回汉关系的不法分子，严禁部下对回民采取粗暴"同化"的政策，尊重回民的宗教信仰、生活习惯。他的这种做法颇得回民好感，甚至有回民尊称他为"左阿訇"，编了一个歇后语"左宫保的章程——一劈两半"，以形容他在回汉关系上不偏不倚的公正态度。

恢复秩序仅仅是建设陕甘的第一步，更重要的是要发展。左宗棠将在浙江等地办洋务的经验活用到西北，不仅开办了制造军用器械的西安制造局、兰州制造局等新式工厂，还根据这里动物皮毛资源丰富的特点，开设了兰州机器织呢局，这是中国第一家近代毛纺厂，为闭塞、落后的西北带来了一股清新之风。

左宗棠还特别重视植树造林，在陕甘两省大搞"绿化"，这样既能防风固沙、改善水土，又有一定的经济效益。其中，从泾州到玉门关的道路两旁新栽柳树尤其多，人们将其称为"左公柳"。后来左宗棠从新疆哈密回兰州时，道路两旁已经是郁郁葱葱，绿如帷幄。那句赞颂左宗棠的著名诗句"新栽杨柳三千里，引得春风度玉关"，正是对此真实的写照。

海塞并重

　　从汉代至清代中晚期，包括新疆天山南北在内的广大地区统称为西域。自西汉设置西域都护开始，历代中原王朝尽管对新疆地区的管治时紧时松，但始终把西域视为故土，行使管辖权。清朝建立后，通过平定准格尔部叛乱、粉碎大小和卓势力，统一了天山南北，设置伊犁将军，统管新疆事务，各地则由当地"伯克"（维吾尔族领主）处理本族事务。

　　19世纪上半叶开始，随着西方侵略势力向新疆渗透和逼近，一些怀有野心的"伯克"投靠侵略势力，屡屡掀起武装叛乱。这种局面大大刺激了域外国家对新疆的觊觎之心。中亚浩罕政权（又称"安集延")见有机可乘，便派将领阿古柏（亦称"帕夏"）入侵新疆。

阿古柏是一个十足的野心家、战争贩子，他首先在同治四年（1865）强占了喀什噶尔，随即又逐步占领了整个南疆地区，建立"哲德莎尔"政权，自封为"毕调勒特汗"。到同治九年（1870）秋，阿古柏攻陷吐鲁番和乌鲁木齐，将势力扩展到天山以北，霸占了新疆的大部分土地。沙俄窥见清政府在新疆力量的薄弱，趁火打劫，强占了原本作为将军驻地的重镇——伊犁地区。英国也不甘示弱，通过扶持和控制阿古柏政权，从新疆大肆掠夺资源和财富。

阿古柏对占领区实施野蛮、黑暗的统治，当地各族劳动人民饱受剥削，沦为奴隶，过着无比悲惨的生活，日夜渴望清政府能够早日收复西域，将他们解救出苦海。然而，此时的清政府虽有心规复新疆，却并无付诸行动的能力：一来，陕甘回乱未平，西征的通道被堵塞，无法顺利调集军队入疆作战；二来，经过几次对外战争，清廷财政困窘，援疆军费难于筹措。这种情况直到1873年末左宗棠攻克肃州、打开入疆通道以后才有所改变。

按照左宗棠的构想，入疆通道既已打通，那么他麾下的军队经过休整、补充后，理应迅速西出嘉峪关，与新疆当地尚存的清军会和，一道收复新疆。但是，军费、粮饷的不足，以及与新疆驻军配合不畅等因素，又迫使他不得不慎重从事，以策万全。而正在这时，东南沿海爆发了一场危机，使西征的前景变得越发不明朗。

原来，同治十三年（1874）三月，日本悍然入侵台湾，海防告急。最终清廷不得不赔款五十万两白银，日军才同意撤出。被昔日的"朝贡"之国如此羞辱，清政府颜面扫地，大为震动。总理衙门提出强化海防的六条主张，并要求各地方督抚逐条详议后复奏。

各位督抚接到谕旨后，对于强化海防的主张都表示赞同，但对于具体应该如何筹措海防经费，却出现了尖锐的分歧。以直隶总督李鸿章为首的大部分督抚认为，海防开支消耗大，必须依靠抽取海关关税和各省厘金来支撑。可问题是，这部分资金也正是清廷本打算用于收复新疆的军费来源。在李鸿章看来，新疆临近沙俄和英属印度，强敌环伺，即使勉强收复，也难以长期守住；不收复新疆，"于肢体之元气无伤"，不专注海防，则"腹心之大患愈棘"，海防当然比西北塞防更重要。所以他直接主张，应该暂时停止西征计划，将西征饷银直接用来充作海防费用。李鸿章权势煊赫，许多督抚和中央官员都附和他的主张。英国人趁机活动，向李鸿章提出"将新疆南路让与阿古柏、伊犁地区让与沙俄"的计划，并以西征可能引发"国际战争"相恫吓，想要阻挠清廷西征，以便自己攫取新疆。李鸿章不愿意因新疆问题与沙俄、英国正面冲突，因而授意自己的亲信，让他们更加卖力地鼓吹"新疆无用论""出兵必败论""得不偿失论"。一时间，放弃新疆的呼声甚嚣尘上，虽有湖南巡抚王文韶等少数督抚坚持认为塞防重要，不应放弃，但都被淹没于反对西征的叫嚷之中。新疆的命运已经到了风雨飘摇的时刻。

光绪元年（1875）三月初一，左宗棠的亲信幕僚饶应祺结束省亲假期，刚回到兰州，就接到左宗棠的传唤，要他到总督府议事。饶应祺赶到总督府，通禀后正准备踏入书房，门口一位跟他熟识的侍从却悄悄拉住他，附耳说道："左帅今日看起来心情不佳，在书房踱步已经很久了，口中还念叨着"少荃（李鸿章的字）短见"，饶师爷您进去后可要小心，别触了霉头啊！"饶应祺听了这话，心里已经知道左宗棠找自己恐怕是要议论海防、塞防之争，他对侍从的提醒表示感谢，随即步入书房。

果然，左宗棠见饶应祺到来，略作寒暄便直入主题："朝堂上海防、塞防之争，子维（饶应祺的字）想必已经有所耳闻了吧？"饶应祺已经有了心理准备，拱手答道："那是自然。此事现在为朝野上下共同关注和热议，各种消息在坊间早已不胫而走。"

左宗棠略一点头，继续追问："既然如此，子维如何看待两方各自的观点？"饶应祺稍作思索，谨慎地回答道："应祺自知见识浅陋，不敢乱发议论。但既蒙阁帅询问，则姑妄言之。在下以为，海防、塞防两派，虽然对眼下应优先解决东南危机还是西北危机有所分歧，但论其本心，都是出于为国防谋划的忠诚，并未掺杂个人私心。以眼下我朝之国力、财力，兼顾海防与塞防，确实困难颇多，而要舍弃其中任何一端，也都必然损害国防之整体。"

左宗棠听出了饶应祺想要"一碗水端平"的谨慎用意，不禁轻轻摇头，开口道："子维所言，自然在理。当今国防大事，东则海防，西则塞防，二者并重，不应放弃任何一端。不过，'并重'可不是平均用力那么简单，总要有个缓急之分、匮裕之别。若依李少荃之见，则海防比塞防重要得多，为了筹措海防经费，便可以暂时停止西征、放弃新疆。然而，眼下海防之急切程度，当真到了非"拆西墙补东墙"不可的地步吗？去年倭人入侵台湾，引发震动，然而虽有波折，我方毕竟已设法使其退军，局势有所缓和，短期内外敌自海上来犯的可能性并不大。与之相比，西域之局势复杂险恶得多：帕夏占据天山南北，凶悍狡猾；俄人强占伊犁；英人渗透南疆；嘉峪关外我朝所能掌控的土地已寥寥无几。若不尽快进兵，则全疆陷落，只在旦夕之间。孰急孰缓，难道不是一目了然吗？"饶应祺深深点头，道："显然是西域局势更为急切。"

左宗棠饮一口茶，继续说道："子维你以前也曾在少荃帐下供事，应该晓得他熟悉洋务、热心海防。其实我又何尝不是对海防倾注了许多心血？福州船政事业由我初创，多年来我所心心念念者，正是借由造船而练成一支属于我们自己的新式海军。然而，造船练兵岂是一蹴而就之事？朝廷平日对于海防已有拨款，如今加意重视，增加经费是自然之理，我也赞同。但李少荃诸人，试图一步到位，将未来数十年海防之费皆预为准备，就没有太多必要了。且不说如此巨量资金不可能短期内筹得，即使能筹到，编练海军少说也需要十到二十年啊。所以说，海防之费，关键在于稳定持久，而不是毕其功于一役。"

不等饶应祺答话，左宗棠径直说下去："反观西北军费，情形就完全不同。一来，西征军既有随我从浙江、湖南一路征战过来的客军，也有陕甘旧有的驻军，还要加上关外尚存的官军，数万人马，每日所需粮饷数目有多庞大，子维你想必十分清楚。而朝廷给予的拨款根本不敷使用，即使加上我等自福建、浙江等地设法筹来的钱粮，缺口依然甚大，说是'粮饷奇缺'，绝不夸张。这种情势下，一旦停饷，且不说规复西域顿成泡影，单论将士离心、军队哗变的风险，也是我等承受不起的。二来，如我所言，造船练兵乃是长期之事，即使将本就捉襟见肘的西征军费，拿来充作海防费用，又能支持几时？更何况，我军退一寸，敌军便敢进一尺，哪怕我军自撤藩篱，放弃西域，退守嘉峪关，帕夏、俄人、英人的狼子野心会就此收敛吗？到那时，敌军兵临关下，西北还不是要驻重兵守卫？这些军队不也一样需要粮饷吗？这笔费用不还是需要继续筹措吗？难道还能连陕甘一并放弃不成？"

看到左宗棠越说越激动，眼前的茶杯已然见底，饶应祺一边示意侍从续上新茶，一边用和缓的语调回应道："阁帅所言，句句在理，应祺受教匪浅。显然，无论是从局势的'缓急之分'，还是从筹饷的'匮裕之别'来看，都没有为海防而舍西域的道理。"左宗棠点了点头，啜口新茶，感叹道："少荃欲强化海防、编练海军，自然是对的，但为筹饷而打西北军费的主意，只能是'扶却东边倒却西边'，于海防未必有益，于边塞则大有所妨，到头来，外敌野心日渐膨胀，海防、塞防恐怕都难以保全啊。"

饶应祺想到自己亲友故旧中也有不少鼓噪"新疆无用论""出兵必败论""得不偿失论"者，不无忧心地接话道："应祺跟随阁帅征战西北数年，对阁帅金石之言，自然能够有所体认。只是世人多不曾亲至西北，不知西域之重，又忌惮洋人，一味跟风鼓噪，造成'西域可弃''战之必败'的舆论，甚至许多廷臣、督抚，如今也抱持这种立场。"

左宗棠听到这里，重重拍了下桌案，道："井底之蛙，偏能摇唇聒噪！说什么西域'万里穷荒，何益于事'，殊不知天山南北，物产丰盈，瓜果累累，牛羊遍野，牧马成群，金、银、煤、铁、玉石之蕴藏皆极丰富。南疆虽气候干燥，也不乏绿洲，昔日林宫保曾言'南疆八城如能一律仿照苏州、松江地区兴修水利，广种稻田，其利并不少于东南'。所谓千里荒漠，实为聚宝之盆。如此丰饶之所，岂能白白放弃，让敌人利用其物产反过来对付我国？！再者说，昔日高宗皇帝（指乾隆）历经苦战而削平准噶尔部、安定回部，又采取了一系列措施加强对天山南北的管控，这才使关内一百多年来无烽燧之警，百姓得以安稳度日。如今一仗未打，便要轻易放弃祖宗开辟之疆土，何等荒谬悖逆？"

他越说越激动，索性站起身，边走边道："更有些人，畏敌如虎，说什么'出兵必败'，怕什么'国际战争'。殊不知，俄人、英人如同群狼环伺，欺软怕硬。只要稍一示弱，他们立刻便会扑上来撕咬血肉；想保自身安全，只能紧握拳头、拿起武器，奋勇还击。他们眼见占不到便宜，才会悻悻而退。"说到这里，他走到案前，将杯中茶水一饮而尽，提高声音道："林宫保诗云'苟利国家生死以，岂因祸福避趋之？'朝堂上衮衮诸公，爱惜自身，瞻前顾后，不愿或不敢亲赴沙场。老夫虽年逾六旬，何敢自惜残生，置身事外？规复西域之重担，就由老夫我来担起罢！"饶应祺听到这番发自肺腑的慷慨壮语，也不禁起身，动情地拱手道："阁帅豪壮之气不减当年！应祺不才，定当追随阁帅，效鞍前马后之劳，为收复西域尽一份力！"

　　饶应祺听到这番发自肺腑的慷慨壮语，也不禁起身，动情地拱手道："阁帅豪壮之气不减当年！应祺不才，定当追随阁帅，效鞍前马后之劳，为收复西域尽一份力！"

当晚，左宗棠就将自己对海防、塞防问题的意见，整理成一份五千多字的奏折，着重论述了收复新疆的必要性，表达了自己愿意挂帅西征的决心。奏折送到军机处，当时主事的武英殿大学士、军机大臣文祥对左宗棠的意见深表赞同。在接下来的廷议中，文祥以左宗棠的观点为基础，极力向慈禧太后陈述收复新疆的重要性，终于力排众议，促使清廷下定了收复新疆的决心。当年三月底，清廷发出六百里加急谕旨，任命左宗棠为钦差大臣、督办新疆军务，授予他筹兵、筹饷、指挥西征的全权。

不久后，清廷又明发谕旨，为历时一年的海防、塞防之争做了总结：一方面，肯定海防"关系紧要"，责成李鸿章、沈葆桢分别督办北洋、南洋海防事宜；另一方面则委派左宗棠"通盘筹划，以固塞防"。这实际上正是采纳了左宗棠"海塞并重"的国防整体方针。

筹谋西征

　　光绪元年（1875），年春夏之交，左宗棠在兰州进行着紧锣密鼓的西征筹备工作。摆在他面前的难题简直不胜枚举，而其中最紧要、最令人头疼的问题，就是军粮的严重匮乏。

　　按道理，军队就地筹购粮食，能节省转运的成本和时间，是最为经济高效的做法。可是陕甘一带本就地瘠民穷，数十年间又战火不断，粮食生产受到极大破坏，百姓手中根本没有多少粮食可供出售。为了破解这一难题，左宗棠主要采取了两种办法：一是组织屯田。他不仅要求陕甘驻军和关外军队就地屯田，积极兴修水利，还大力鼓励民间垦荒，增加粮食产量，然后以市场价格现银收购他们的粮食。二是开辟新的购粮渠道，专门派官员到归化（今内蒙古呼和浩特）、包头、宁夏一带采购粮食。这里粮源比甘肃充裕，尽管距离新疆比河西走廊远，但可以通过驼队运粮到新疆巴里坤，其运费较低。经过一段时间的努力，西征军的储备粮食达到三百万斤左右，粮荒得到了一定程度的缓解，但还是有不小的缺口。

正在此时，一支俄国派出的考察团来到了兰州。这支考察团以俄军总参谋部上尉索思诺福斯齐为首，从中俄边境的恰克图出发，途径北京、上海、汉中等地，最后准备取道兰州回国。表面上，考察团是以通商考察为目的，实际上，他们的任务还包括刺探中国各方面的情报，尤其是西征军的情报。对于俄国使团的真实动机，左宗棠当然有所察觉，在使团到达兰州前就嘱咐沿途接待官员，要对使团的行动加以密切关注，保持警惕和防范。

不过，当索思诺福斯齐一行到达兰州后，他们却发现左宗棠的态度颇为热情，不仅主动提出让他们留居于陕甘总督署内，还频繁设宴款待，对他们的行动也完全不加限制。索思诺福斯齐一面对左宗棠的热情接待表示感谢，一面也顺势让使团成员在兰州城内广泛"考察"。很快，使团成员们便在兰州的军营、城墙、兵工厂等处留下了"闲逛"的身影，摄影师鲍耶尔斯基更是拍摄了东郊场清军大营和清军进行军事操练的照片。

饶应祺对于左宗棠前后态度的变化不大理解，又担心军事情报泄露，实在忍不住，就找到左宗棠询问："阁帅对俄人如此优容礼遇，不怕俄人乘机窥我虚实、做出对我国不利的事情吗？"左宗棠捻须道："俄国本就是与我朝匹敌之国，这个索思诺福斯齐又是其国用事之人，此行既奉其国主之命而来，则本帅自当好好款待，以示不忘礼宾之道。何况现在用兵新疆，与俄人交涉之事极繁，尤不宜拒人千里之外。"饶应祺闻言，似乎有些明白了左宗棠的用意，但又不完全理解，一时没有答话。左宗棠见状，又道："子维莫急，稍后你便知本帅用意何在了。"

两天后，左宗棠在宴会上主动与索思诺福斯齐谈论起军队的新式装备，尤其是后膛枪炮，不无得意地宣称："我国在兰州的制造局现今也能制造新式后膛枪炮，与贵国和布罗斯（即普鲁士）的质量相近。"索思诺福斯齐当然不相信，不过又不好表现出来，只得报以礼貌的微笑。左宗棠见状，索性邀请索思诺福斯齐上尉参观兰州兵工厂。索思诺福斯齐原本正头疼无法进入兵工厂内部探察，没想到机会竟主动送上门来，自然乐意接受。

索思诺福斯齐上尉仔细地参观了兰州制造局的铸炮车间和制枪车间，他发现，这里的设备出乎意料的先进，使用了蒸汽机、机床，但是没有一个外国人在车间里，全是中国工匠在操作。兵工厂的技术员也谦逊有礼，在组装产品之前，他一直注视着那些部件，目光中满是喜爱。车间负责人将四支装有来复枪管的后膛枪拿来展示，这些步枪的组装非常精细，堪称杰作。

索思诺福斯齐向制造局总管提出，想要参观下兵工厂所产武器的射击效果。总管将他们带到操练场，使团成员们发现，士兵们对这些新式武器的操作极为熟练，没有一点恐惧。炮弹发射后没有出现炮身爆炸的情况。总体来说，射击效果不错。眼见为实，索思诺福斯齐不得不承认，左宗棠的话并非没有根据的自夸，西征军在装备方面确实较为先进，训练也比较得当，其战斗力不容小觑。

不过，索思诺福斯齐在兰州期间也发现，左宗棠的军队似乎很缺乏粮食，正在到处采购军粮。考察团本身也肩负有促成通商的任务，因此索思诺福斯齐萌发了向左宗棠推销俄国粮食的念头。第二天，他在宴会上尝试着向左宗棠提出了这一设想。没想到，左宗棠并未表现出特别惊讶的神情，而是迅速开始认真地与他商讨起购粮的价格、转运路线、交付地点等细节。待这些基本确定后，左宗棠立即拟定了一份正式的购粮合同，明确了双方各自的权利与义务，要求索思诺福斯齐与他共同签约。索思诺福斯齐心中不禁有些动摇：难道此事本就在左宗棠的预料之中？不过，左宗棠开出的购粮价格对于俄方来说是足够"慷慨"的，让他很难拒绝。签约完成后，左宗棠便催促索思诺福斯齐尽快动身回国，以便履行这份商约。

索思诺福斯齐离开兰州后，饶应祺尝试着向左宗棠说出了自己对他一系列举动的理解："阁帅故意放任俄人四处打探情报，又主动邀请他们参观兵工厂，想必是为了向俄方展示我国收复西域的决心与实力吧？这样一来，俄方看到我军足以击败帕夏军队，便有了忌惮，不会强硬地支持帕夏甚至阻挠我军进兵了。"左宗棠哈哈一笑，点头道："子维所言不谬。相较于俄人，帕夏与英吉利走得更近，俄人出于与英人之竞争，本就不会全力支持帕夏。他们派出使团，应该正是为了探察我方是否具备击败帕夏的实力，以此为基础进行决策。俄人虽占据伊犁，但目前我方尚不具备武力夺取伊犁的实力，只能容他日再论。眼下我国需要妥善处理与俄国的关系，使其尽可能在我国和帕夏之间将支持的天平倾斜于我方，这样对于收复新疆才是有利的。"

饶应祺拱手道："阁帅真是深思熟虑。不过，既然要展示我方决心与实力，为何又毫不遮掩我军粮食短缺的事实，反而要向俄方购粮呢？难道索氏会提出向我方售粮也是您一开始就预料到的？"左宗棠轻轻摇头，笑道："本帅哪里有这等未卜先知的本事，只是因势利导罢了。索氏来华多日，我军缺粮之事，想向他隐瞒是很难的。与其遮掩，不如如实以告。此前我派人到北路购粮时就发现，俄商对售粮颇为积极。此次既然索氏代表其国主前来，则与其向俄商零散购粮，不如订立合约，直接向其官方购粮。而恰好索氏也有通商之打算，自然一拍即合。至于价格，虽然略高于国内，但转运费用低，折算下来仍很划得来。"饶应祺恍然大悟，又补充道："且俄人既与我方有此购粮之交易，则其为谋利，天平必然更向我方倾斜，其支持帕夏的动力又减一分。"左宗棠颔首道："正是如此。"

索思诺福斯齐回国后，尽管有些波折，最终仍基本履行了与左宗棠订立的粮食合同，累计运送四百八十余万斤粮食至新疆古城，大大缓解了西征军的粮食紧缺状况，也使得当地因缺粮而浮动的人心、军心稳定了下来。

在军粮问题基本得到解决后，左宗棠将工作重心转向整军备战。第一步是裁汰冗兵、惩治庸将。当时，关外原有驻军统领中有不少满族将领，庸懦卑劣，尸位素餐，坐视疆土沦陷而不敢进兵。更有甚者，如原乌鲁木齐提督成禄，不仅无能，而且横征暴敛、滥杀无辜，引得民怨沸腾。左宗棠对此深恶痛绝，奏准朝廷，将其革职治罪。

第二步是充实军备、强化训练。左宗棠通过兰州制造局自制以及委托胡光墉向洋人购置等办法，获取了大量新式武器，从而为出关各军都配备了充足的火力装备。他还拨出专门资金采购火药、马匹、衣甲、炊具、旗帜等，甚至还为前线指挥官购置了双筒望远镜，以便于更好地观察战场情形。在此基础上，每一批出关部队，都要在出关前至少训练半年，熟悉各种常用战术和战斗技巧。1876年夏，匈牙利旅行家赛切尼伯爵来到西北，与左宗棠进行交流。他发现，左宗棠部队中的骑兵通常会携带一把刀和一支骑枪，而步兵的装备则是后装来复枪，士兵能熟练使用自己的武器，整支部队训练良好，"军容整肃"，近似一个欧洲强国的军队。

第三步是搜集敌情、制定方略。左宗棠一方面多次派人亲赴天山南北，以察探阿古柏在新疆的动静，收集军事、地理情报；另一方面则密切关注西方列强的动向，尤其注意搜集英、俄两国的情报。以此为依据，左宗棠判断，英国和沙俄在亚洲矛盾较为激烈，英国扶持阿古柏政权的意欲较强，但主要是贪图商业上的利益，为阿古柏政权而直接出兵的可能性不大；沙俄强占伊犁，损害中国的主权，但出于与英国的矛盾，并不会特别强硬地扶持阿古柏政权。所以，对于清政府而言，目前正是专门对付阿古柏政权的良机，只要能够迅速、坚决地消灭阿古柏政权，新疆的局面就能得到稳固。

具体到如何消灭阿古柏政权，左宗棠经过研判，认定阿古柏的核心统治地带是南疆喀什噶尔一带，在北疆的统治相对薄弱。从地理条件上看，新疆地势北广南狭，由北疆入南疆，可以利用天山通道，从而避开条件恶劣的塔克拉玛干大沙漠；再加上天山以东的哈密、巴里坤等据点尚掌握在清军手中，也便于由此进入以乌鲁木齐为中心的北疆地区。所以，左宗棠确定了"先北后南，缓进急战"的战略，即首先集中兵力攻克乌鲁木齐，消灭盘踞在周围的白彦虎、马人得等武装；如果阿古柏派出主力支援北疆，则坚决集中力量消灭这部分援军，这样一来，南疆的防守力量也被削弱，下一步进军南疆既有了前进基地，没了后顾之忧，又减少了阻力，把握就大得多了。

经过左宗棠细致周密的筹谋，西征军在各方面都已经做好了进兵新疆的准备。光绪二年（1876）三月，左宗棠派刘锦棠率西征军主力出关，自己则率步骑亲军两千余人开抵肃州（今甘肃酒泉），设立西征军大本营，就近指挥西征各军。驱逐侵略者、收复新疆的正义之战，就此拉开帷幕。

先北后南

光绪二年（1876）春，左宗棠刚刚抵达肃州大营，便收到一份意料之外的前线战报：新疆军务帮办金顺的部将额尔庆额和冯桂增率骑兵夜袭玛纳斯城，结果因准备不足而失败，冯桂增被擒身死。左宗棠很反感这种轻率无谋的做法，对饶应祺等幕僚说道："袭攻坚城，本难得手，何况是以马队黑夜扑城呢？额尔庆额等人不报请我同意，便贪功轻进，兵败身死，真是咎由自取！"他立刻传下帅令，告诫前线各军将领务必遵循"缓进急战"的原则，不得贪功冒进，违者军法从事。

闰五月初十，西征军主将刘锦棠抵达新疆古城。当时，阿古柏命马人得统管北疆地区的军队，又派白彦虎驻兵于乌鲁木齐，马明驻兵于乌鲁木齐东北的古牧地。左宗棠认为：拿下北疆的关键在于攻克乌鲁木齐，而只有先夺取作为乌鲁木齐屏障的古牧地，才能直捣乌鲁木齐。因此，左宗棠要刘锦棠尽快进驻阜康县城，以便就近向古牧地发动进攻。他还嘱咐刘锦棠，要注意团结金顺，与其协同作战。刘锦棠于是到济木萨与金顺会面，商定两军主力合攻古牧地，金顺军另分出一部，与民团武装联手，继续进攻位于乌鲁木齐西北方向的玛纳斯城。

马人得听说清军主力西进阜康，便令白彦虎率部增援古牧地。当时，从阜康到古牧地有两条路：一条是大道，水源稀少；另一条则是小径，经过黄田，这里水源相对丰富。白彦虎故意不在大路设防，而是派兵到黄田守护水源，企图引诱清军沿大道跨越五十里沙漠，陷入人马饥渴的逆境，然后以逸待劳，一举击退清军进攻。刘锦棠经过侦察，觉察到白彦虎的计谋，于是将计就计，故意摆出要从大道进军的态势。白彦虎以为清军已中计，防守便松懈下来。刘锦棠趁夜从间道潜袭黄田。次日黎明，清军赶到黄田，骑兵分驰而下，发动进攻，势如暴风骤雨，一时间呼喊声、枪炮声响彻山野。白军士兵丢枪弃甲，四处逃奔。清军追至古牧地城，白军被迫退入城中坚守。

黄田首战失利，白彦虎怀疑马明与清军内通，于是将其逮捕，押送南疆。刘锦棠稍事休整后，即率清军兵临城下，将古牧地团团围困。阿古柏闻讯，派部将阿托爱率骑兵数千从东北来增援古牧地。刘锦棠一面派骑兵前去阻截阿部援军，一面加紧攻城。在清军的顽强抵御下，阿托爱未占到便宜，反而遭到金顺部的迂回夹击，狼狈地弃马而逃。清军用开花大炮轰塌了城南的城墙，将士们鱼贯而入，城内数千敌军悉数被歼。

攻下古牧地后，刘锦棠缴获了敌军的机密文书，得知马人得、白彦虎已经南逃，乌鲁木齐空虚，于是立即按照左宗棠战前的指示，乘胜追击，于二十九日攻克了乌鲁木齐。与此同时，围攻玛纳斯城的战役也进行到了白热化的阶段：敌军困兽犹斗，顽固拒降；而清军诸将各行其是，不能形成合力，因而久攻不克。金顺亲临前线指挥，仍屡攻不下，只得求援于刘锦棠。刘锦棠贯彻左宗棠要他与金顺精诚合作的指示，分出六营步兵和五旗骑兵参与到围攻战中。最终，清军历时三个多月，终于啃下了玛纳斯这块硬骨头，北疆也由此基本宣告平定。

阿古柏听闻左宗棠在北疆取得重大胜利，非常恐慌，派出两万多名士兵，会同南逃的马人得、白彦虎部，在达坂城、吐鲁番、托克逊一带构筑防线，企图依托天山关隘之险，阻挡西征军进入南疆。他也亲自到喀喇沙尔（今新疆焉耆回族自治县）督战。

左宗棠经过对前线局势的分析，制定了三路并进的作战方案：北路刘锦棠部由乌鲁木齐南下直攻达坂城；东路张曜部由哈密西进，东北路徐占彪部出木垒河，越天山南下，两部协力进攻吐鲁番。金顺部则留守北疆，并将兵力裁减到原来的一半。饶应祺有些疑惑："金顺部在北疆作战中出力不少，为何不令其继续参与南下作战？"左宗棠叹口气道："金顺是个仁将，可惜驭下不严，麾下诸将往往自行其是。玛纳斯之战，诸将争功，破城后又有杀俘行为，对安定人心颇不利，必须予以整顿裁汰。况且金顺职位在毅斋（刘锦棠的字）之上，协同作战难免掣肘，令其率部留守北疆，既可以监视俄人在伊犁的动向，防备不测，也便于毅斋放手指挥作战。"饶应祺点头称是。

十月，清廷下诏催促左宗棠迅速派军南下。但左宗棠认为，此时尚不具备南下作战的条件：一来，西征军主力屡经恶战，且许多士兵因不适应当地气候而染病，部队需要休养；二来，新疆的冬季即将来临，大雪封山，既不便于大规模的军事行动，也不利于粮草物资的转运供应。所以他力主到来年开春再进行第二阶段的作战。

事实证明，左宗棠的谨慎绝非多余。阿古柏为了遏制清军的攻势，派小股部队不断骚扰，妄图切断清军的补给线。左宗棠一面指示前线将领派骑兵防护粮道，搜索隐藏的敌军加以歼灭；一面从肃州大营调拨援军，补充刘锦棠等部，以维持其战斗力。

冬去春来，经过数月休整补充，西征军的士气越发高昂。三月初，刘锦棠率麾下骑兵和部分步兵，衔枚疾走，直趋达坂。尽管达坂城守军已经提前将周围河流中的水引入城外沼泽中，形成淤泥地带，以阻碍清军步伐。但清军骑兵奋力克服泥淖阻碍，一往无前，按计划赶在拂晓之前占领了城外的山岗阵地，居高临下地包围了达坂城。敌军直到天明后才发觉已经被重重围困，慌忙开火，清军将士冒着弹雨勇敢攻击。不久，敌军援军赶到山口，清军步兵手持长矛迎战，骑兵则从两翼包抄，敌军大乱溃逃，连自家的后续援军都被溃兵冲乱，只得一并狂奔而逃。城中守军见外援断绝，企图突围，城中维吾尔族百姓冒险出城将这一情况报告给了清军。刘锦棠立即下令夜间陈列火炬，将城池四周照得亮如白昼，不给敌人逃跑的机会。第二天，清军以重炮轰城，炮弹击中了城中弹药库，燃起熊熊大火，敌人肝胆俱裂，无心恋战，达坂城遂被攻破。防守托克逊的海古拉（阿古柏次子）闻讯，仓皇弃城而逃。清军在当地百姓的支持和欢迎下，乘胜收复了托克逊城。

　　与此同时，张曜、徐占彪两部也遵照左宗棠的部署，直抵吐鲁番城下。刘锦棠派出援军赶来会合，三军展开合攻。守将马人得见势不妙，只得缴械投降。至此，清军不仅打开了进入南疆的通道，同时也消灭了阿古柏派出的两万多军队，给予阿古柏毁灭性的打击。左宗棠接到战报，兴奋地对幕僚们表示："这真是西域用兵以来从未有过的胜利啊！"为了尽快安定人心，他迅速将提前选拔好的官员派往被收复的各城，嘱咐他们要尽快恢复生产，搞好各民族团结。

与此同时，阿古柏政权内部则已经乱作一团。阿古柏接二连三地收到惨败的消息，变得越发惶恐和多疑。他几乎把身边每个人都看成叛徒和敌人，动辄暴怒。没多久，这个残暴的入侵者和独裁者就一命呜呼了。阿古柏的两个儿子为争夺汗位展开火并，长子伯克胡里杀死了弟弟海古拉，夺得汗位。眼看阿古柏政权就要分崩离析，一些原本投靠阿古柏的新疆上层分子为了保全自己的利益，纷纷向清军投诚。伯克胡里只得派军四处灭火，以图苟延残喘。

西征军的将领们见形势大好，纷纷向左宗棠请战，要求立即进军南疆。不过，左宗棠依然保持冷静和审慎。他指示刘锦棠说："西域正值炎夏，气候条件恶劣，不便作战；且前所存粮饷几近枯竭，转运不力，不宜贸然进兵。待到秋凉，再兴兵克南八城为宜。"

英国人向来将阿古柏视为其在新疆利益的代言人，予以大力扶持，甚至还派出罗伯特·肖作为"公使"，常驻喀什噶尔。眼见阿古柏暴毙、清军即将进入南疆，英国当局唯恐丢掉在南疆的利益，便找到清朝驻英公使郭嵩焘"谈和"，异想天开地提出由伯克胡里向清政府交出南疆东四城（喀喇沙尔、库车、阿克苏和乌什），作为交换条件，清政府允许他保留西四城（叶尔羌、英吉沙尔、和阗和喀什噶尔），作为一个国家继续存在。郭嵩焘被威妥玛等英国外交官的花言巧语打动，竟然向清政府上奏称："与其在无用之地冒着未必成功的风险穷兵黩费，不如干脆将西四城给予伯克胡里，既不失宽大之名，对方也必定感念我朝再生之恩德。"

左宗棠原本正忙里偷闲，在肃州大营外自己开辟的菜地里照料瓜果，从饶应祺口中听说了这个消息，火冒三丈，愤怒地用锄头戳地，连声感叹："筠仙（郭嵩焘的字）糊涂啊！喀什噶尔旧称疏勒，汉代已隶中华，乃我固有疆宇，安集延不过强行窃据。纵使帕夏犹活，亦不能由其占据，何况此贼已畏罪自尽！英人以保护安集延为由，谋为印度增一屏障，图占我边防名城，直以喀什噶尔为帕夏固有之地，其心何其险恶？我军当对敌酋跟踪追剿，尽复旧疆，岂容他人饶舌？"他一面向清廷上奏，严词驳斥郭嵩焘等人的谬论；一面指示刘锦棠，如果在进兵途中遇到罗伯特·肖等英国人，不必理会他们的纠缠，直接将其送到肃州大营，由自己与他们交涉即可。在左宗棠的坚持下，清廷坚定了收复南疆的态度，英国人的阴谋没有得逞。

光绪三年（1877）七月中旬，天气转凉，秋高气爽，左宗棠意识到进军收复南疆的时机已到。他果断下令，由刘锦棠率马步三十二营兵力为前锋，从托克逊出发，向西直捣喀喇沙尔。

防守喀喇沙尔的敌军首领白彦虎，见西征军势不可挡，根本不敢正面抵抗，于是派人掘开了开都河，试图用泛滥的河水阻挡西征军的步伐，然后又胁迫喀喇沙尔的百姓一同西逃。西征军绕过洪水，进入喀喇沙尔城。只见城中积水数尺，屋舍荡然无存，根本看不见几个居民。清军没有在此停留，而是轻装疾进，迅速占领了白军大本营——库尔勒。这里同样成了一座空城。由于粮草运输被泛滥的河水阻隔，部队面临着断粮的风险。好在将士们经过搜寻，发现了地窖中存储的数十万斤粮食，终于解决了吃饭的问题。

为了不给敌人留下喘息之机，刘锦棠选派精锐骑兵，继续对敌军展开衔尾追击，白彦虎在库车还没来得及站稳脚跟，就不得不继续仓皇西逃。刘锦棠一面安抚沿途被解救的数十万百姓，一面继续挥军追击。清军穿越戈壁、跨过冰河，连克阿克苏、乌什，直到再也望不到敌军的踪影，才停下了追击的步伐。至此，清军刘锦棠部两月内驰骋一千公里，将南疆东四城全部收复。

左宗棠接到刘锦棠的捷报，非常高兴，指示他稍加休整后，继续向西四城进军。同时，左宗棠也没有忘记刚刚从匪徒魔爪中逃离出来的南疆百姓，指示部队将军中粮食分出一部分，用以接济百姓，并协助他们修补房舍、恢复生产。

眼见西进的清军势如破竹，沿途的百姓踊跃支持，盘踞在西四城的敌军惶惶不可终日。和阗的叛军首领尼亚孜向清军请降，为表诚心，还主动率兵围攻叶尔羌。伯克胡里闻讯，亲自领兵增援叶尔羌。原清朝喀什噶尔守备何步云乘机反正，占领了喀什噶尔城。伯克胡里慌忙回救喀什噶尔，何步云派人向刘锦棠求援。刘锦棠当机立断，不等援军全部到达，就分兵三路前进：一路从阿克苏向西直趋喀什噶尔；一路经乌什取道布鲁特边境，迂回到喀什噶尔以西发动奇袭；刘锦棠自率一部扼住通往叶尔羌和英吉沙尔的要冲，以策应前两路部队的攻势。

十一月十三日，清军按照计划同时抵达喀什噶尔，从东、西两个方向发起进攻，当晚便一举收复该城。伯克胡里、白彦虎率残部狼狈逃入俄国境内。很快，刘锦棠也率军收复了叶尔羌和英吉沙尔。到十一月廿九，清军收复了叛军的最后一个据点——和阗。至此，除伊犁地区外的整个新疆宣告光复。为了表彰左宗棠运筹帷幄、决胜千里的功勋，清廷将其晋封为二等侯爵。

壮士长歌

新疆西北部的伊犁河谷地区，降雨丰沛、农业发达、矿藏丰富，既是我国通往中亚的要冲，又是新疆西部地区联系南北疆的枢纽，战略地位十分重要。同治十年（1871），沙俄当局乘阿古柏窃据新疆之机，悍然派兵侵占了伊犁，加以殖民统治。当时沙俄比较顾忌其他列强的干预，所以其驻华公使在照会清朝时虚伪地宣称：俄国占领伊犁是为了"安定边疆秩序"，只因清朝尚未能平定回乱，所以"代为收复，权宜派兵驻守"，等到"关内外肃清，乌鲁木齐、玛纳斯各城克服之后，当即交还"。私下里，俄国的官员们却都毫不掩饰地表示："（交还伊犁的）这一天永远也不会到来。"

显然，俄国人低估了清政府收复新疆的决心和能力。光绪二年（1876）春，当左宗棠开始西征时，俄国人才意识到，伊犁问题已经变得棘手起来。沙皇亚历山大二世无耻地声称：只有清政府同意俄商进入中国内地贸易，并且割让伊犁河谷西半部分给沙俄，俄方才同意交还伊犁。

对于沙俄出尔反尔的行径，左宗棠当然极为反感。但他明白，自己的首要任务是消灭阿古柏政权，暂时还不能与俄方公然交恶，以免沙俄直接干预。所以，在收回包括乌鲁木齐、玛纳斯在内的北疆地区后，尽管金顺等将领纷纷要求乘势收回伊犁，但左宗棠从大局出发，保持了克制，力求以外交手段解决伊犁问题。

光绪四年（1878）初，南疆也宣告光复。伯克胡里和白彦虎逃入沙俄控制区，在沙俄的默许纵容下不断侵扰中国边境。左宗棠一面毫不含糊地下令清军还击，一面要求沙俄引渡二人，并尽快履行交还伊犁的承诺。清政府也要求沙俄派使节直接与左宗棠谈判伊犁问题。但沙俄忌惮左宗棠是个极为难缠的谈判对手，拒绝与他谈判，表示只接受清朝总理各国事务衙门派出的使者。清政府为了尽快收回伊犁，答应了沙俄的要求，派出以善于"外交"著称的崇厚作为使者，与俄方展开谈判。

崇厚是个没有主见，也不了解新疆事务的满洲权贵。他到圣彼得堡后，俄方先是用优厚款待笼络他，继而用花言巧语迷惑他，最后又施以威逼恫吓。崇厚很快就落入了对方的圈套。尽管清政府明确指示他，割地"断不可许"，可崇厚还是在光绪五年（1879）八月擅自与俄方签订了《里瓦几亚条约》。条约规定，俄方向清朝交还伊犁九城，但清朝必须将伊犁河谷西部的霍尔果斯河以西地区、特克斯河流域以及沟通天山南北的穆素尔山口割让给俄方，并且向俄方赔偿五百万卢布的"代守费"和"俄民损失费"。

消息传回国内，举国一片哗然。朝野上下纷纷要求严惩崇厚，因为这是一份不折不扣的丧权辱国条约，沙俄从谈判桌上拿走的利益甚至比战争所得还要多。左宗棠对于这次交涉的结果失望至极。他痛心疾首地向朝廷表示："若在战场上失败了，割地求和是没办法。可现在根本不曾开战，就捐弃要地，无条件地满足了对手的贪欲，这就好比把骨头扔给恶犬吃，即使骨头吃完了，恶犬也并不会就此满足，只会变本加厉。眼前的局势已经如此严重，他日的祸患又将是何等严重？！这正是最值得叹息痛恨的事情啊！"所以他提出，就目前的情况而言，应当"先之以议论"，运用外交手段向俄方施压，努力改订条约；若谈判不成，则"决之以战阵"，奋力一战。自己虽然年老，也决不会退缩犹豫，必当勉力收复失地。清政府迫于舆论压力，不得不判处崇厚"斩监候"，并接受了左宗棠的建议，一边派曾纪泽前往俄国谈判改约，一边令左宗棠做好武力收复国土的准备。

沙俄见快要到口的肥肉可能化作泡影，不禁恼羞成怒，一面派使者到总理衙门进行恫吓，一面在中俄边境集结数万兵力，并调动舰队，企图封锁中国沿海。一时间，战争阴云密布。

左宗棠丝毫没有被沙俄的军事威胁吓倒。这一年，他已经六十九岁了，长期的边塞生活和繁剧事务，使得他的健康每况愈下，痢疾、风疹反复发作，甚至一度吐血。但他顾不得这些，依旧日夜运筹，制定了一份三路进兵收复伊犁的计划：东路由金顺率领，扼守精河一线，阻截俄军东犯，伺机西进；西路由刘锦棠率军取道乌什，从冰岭以西经布鲁特游牧地区直指伊犁；中路则由张曜率军，从阿克苏冰岭以东，沿特克斯河向伊犁进兵。为了就近指挥各军，同时也为了向沙俄表明自己绝不屈服的意志和收回国土的决心，左宗棠不顾部下的反对，毅然决定亲率大本营移驻哈密。

光绪六年（1880）四月，左宗棠拔营离开肃州。已在地方任职的饶应祺，以及老部下谭钟麟、魏光焘等人，都赶来相送。面对众人不舍和关心的目光，左宗棠豪迈地说道："自洋务兴起，中国素来为岛夷所轻侮，含羞忍耻，不能自振，本帅每每想到这些，就难以抑制愤慨之情！眼下沙俄大搞讹诈，虚声恫吓，欲强占我疆土，神州赤子，无不忧愁义愤，本帅岂能坐视不理，使俄人的狼子野心得逞？此去哈密，已抱定决战之志，无论如何，定要将沙俄所占康熙朝以来之地段尽数收复不可！"言至于此，左宗棠眺望着前方戈壁中的道路，只见黄沙弥漫、植被稀疏，唯有自己以前下令种下的柳树顽强地扎根在路旁，呈现出点点新绿。他欣慰地捋下胡须，扫视老部下熟悉的面孔，示意他们不必再送，用激昂的语调朗声道："古人诗云，'羌笛何须怨杨柳，春风不度玉门关'。然而关外同样是我国的大好河山、宝贵疆土，自有生机无限。老夫和将士们以报国为志，壮士长歌，不复以出塞为苦！虽知自身衰病，壮不如人，但孤愤填膺，也就顾不上老之将至了！"众人为左宗棠雄壮豪迈的气魄所折服，长揖相送，直到队伍消失在戈壁深处，才陆续回转。

五月初八，左宗棠抵达哈密，迅速投入到军事部署的工作中。不久，哈密大营中来了一位德国客人，他就是德国泰来洋行的技师福克。左宗棠自进军西北以来，就对德国的军事装备颇为欣赏，时常叮嘱在上海的胡光墉代为购置。在胡光墉的介绍下，泰来洋行不仅为左宗棠提供了许多新式武器，还协助他开办了兰州织呢局。此次福克和几位同事来到哈密，也正是为了继续推进与左宗棠的合作。左宗棠热情地招待了福克一行，还邀请他在大营驻

左宗棠眺望着前方戈壁中的道路，只见黄沙弥漫、植被稀疏，唯有
自己以前下令种下的柳树顽强地扎根在路旁，呈现出点点新绿。

留一段时间。

　　吐鲁番号称"火炉"，夏季极为酷热，中午时分气温超过四十摄氏度。福克初来乍到，热得汗流浃背，颇感不适。他一边擦汗，一边打量着伏案工作的左宗棠：这位年已七旬的"爵帅"，在用泥土搭建的简陋营房中，正在专注地批阅公文。由于身材较胖，他的额头和脸颊上汗珠直流，时不时就要用毛巾擦拭一下。卫兵把他的午饭端上来，放在了案边，凑近一看，不过一碟凉拌苦瓜、一碟丝瓜、一小盘羊肉和几张馕而已。左宗棠招呼福克与他一同进餐。福克忽然想起来在来哈密的路上听到的传闻，于是开口问道："爵帅，我来这里的路上，听人们讲，您出关时把棺材装在车上，一路运到了哈密，以表示自己誓死收复国土的决心。我很好奇，这是真的吗？"左宗棠听了，哈哈一笑，没有正面回应福克的问题，而是说道："我们中国有句古话，人活七十古来稀。老夫已到古稀之岁，体衰多病，本就是时日无多。此番有幸以老迈之躯，为国效力，出关之日，但觉壮志满怀，热血难平，其他事情，都抛掷一旁了。至于是马革裹尸，还是铜棺盛殓，又何足轻重呢？”

又住了几天，福克发现，左宗棠的起居极为规律：每日黎明起床，到自己开辟的菜园里眺望查看，回帐后接见下属；七点钟进早餐，饭后处理公事至十二点钟；午餐后也不休息，继续办公到五六点钟；然后再去菜园里浇灌、侍弄瓜果，晚饭后，与营务官员谈天，十二点钟才睡。福克不禁感叹：每天只睡五小时，工作却长达十小时以上，谁能想到，这是一位七旬老者的日常呢？对于左宗棠而言，大概每天在菜园里度过的两个钟头，应该算是为数不多的调剂与放松了。左宗棠告诉福克：“侍弄瓜果是老夫平生所好，这二十亩菜园，都是老夫到哈密后亲手开辟的，各色瓜果齐全，足供一日三餐之需。只是此处缺少红、白萝卜及天鹅蛋种子，已在家信中催促犬子购买寄来，到时分给各营哨官兵。”

在福克即将踏上归程前，左宗棠还邀请他参观了亲卫部队的演练，福克看到，左宗棠的亲卫军纪律严明，操练得法，士气高涨，没有因酷热而出现涣散、偷懒的情况。他不禁夸赞道：“爵帅麾下的这支部队若与俄国交战于伊犁，必能获得全胜。"

就在左宗棠全力备战的同时，清廷朝堂上又掀起了波澜。英、法等列强看到崇厚这样软弱可欺的"老朋友"被判斩监候非常不安，唯恐此例一开，清政府的外交态度从此强硬起来，因而纷纷表示抗议。李鸿章等人本来就对俄国的武力颇为忌惮，面对列强集体施压，妥协的意愿变得更加强烈。在他们的推动下，清政府一面将崇厚由斩监候转为监禁，一面催促曾纪泽尽快与俄方重开谈判。

为了压抑主战派，避免"刺激"沙俄，清廷下诏将左宗棠从哈密召回北京，"以备朝廷顾问"。左宗棠接到谕旨，极为惊诧和心痛。他写信给张曜说："伊犁之事尚未定议，只因俄方派出军舰前往沿海恐吓，朝堂上主事的诸公便觉得无可奈何，国家大计因此而被混淆。我预料等我到北京的时候，谈判桌上的大错必定已经铸成，如之奈何，如之奈何啊？！"在即将入关前，左宗棠仍没有放弃努力，一面将军务交给刘锦棠、张曜等人，嘱托关外将士努力备战；一面向总理衙门写信，重申自己反对屈辱妥协的坚定态度。

俄方尽管摆出一副武力解决的态势，实际上却外强中干，此时并没有足够的财力发动一场针对中国的战争。曾纪泽利用这一点，在谈判桌上与俄方展开针锋相对的斗争，尽量为国家争取利益。而左宗棠在新疆的积极备战，令俄方一直感到颇为忌惮。当他们听说左宗棠奉诏回京时，并没有知晓清政府的真实意图，反而怀疑这是清政府准备进行全面武力对抗的信号。由于这种忧虑，俄方迫切希望尽快定议，免生枝节。

1881年2月24日，中俄双方在圣彼得堡签订了《中俄改订条约》。新条约规定，俄方不再索要特克斯河流域和穆扎尔山口，但仍割占了霍尔果斯河以西一万多平方公里的土地，并将清政府需要支付的赔款从五百万卢布提升到九百万卢布。尽管本质上这仍是一份损害中国主权和利益的不平等条约，但终究收回了一些权益，结束了沙俄非法占据伊犁地区的状况。为了促进新疆的开发治理，巩固国家统一，左宗棠在收复新疆后不断呼吁设立新疆行省，并做出了细致可行的预案。最终，在光绪十年

（1884）九月，清廷发布谕旨，正式宣布新疆建省，以刘锦棠为新疆首任巡抚。左宗棠终于在生前实现了自己的这一夙愿。

督师抗法

    光绪七年（1881）九月，左宗棠出任两江总督兼南洋通商大臣。两江地区水网密布，人口密集，有鱼盐之利，历来是朝廷仰赖的财赋重地。左宗棠在任上花费许多精力，整治淮河、疏浚黄河故道、建设海堤，减轻了水害；同时，他大力整顿两淮盐政，裁减冗杂税费，增加"盐引"，有效降低了百姓和商人的负担，并增加了盐税收入。

    左宗棠的两位忘年知交——陶澍和林则徐，都曾任职于两江地区，政绩卓著，即使到了四十年后，民众依然在颂扬其功绩。在治水行盐的过程中，左宗棠的脑海中总是会闪过与他们交往、相知的一幕幕场景，对他们倍加思念和追慕。为此，他

专门修建了纪念陶澍、林则徐的"二公祠",并提笔撰写了一副对联:

三吴颂遗爱,鲸浪初平,治水行盐,如公皆不朽

卌载接音尘,鸿泥偶踏,湘间邗上,今我复重来

两江地区也是清朝与洋人交往的前线。当时,上海租界林立,洋人趾高气扬,根本不把清朝地方当局和华人放在眼里。左宗棠对此极为反感,决定前往租界巡阅。起初,租界的外国巡捕阻拦巡阅队伍,声称必须向租界当局申请照会才能进入。左宗棠愤然作色道:"上海乃我朝之土地,条约上写得清清楚楚,各国只是租借,没有领土主权。本督在职权范围内巡阅本国土地,哪里用得着你们批准?"巡捕们理屈,又看见巡阅队伍中的卫兵荷枪实弹,仪态威武,不敢造次,只得灰溜溜地离开。租界当局虽然很不满,但也不得不承认左宗棠的巡阅合理合法,只能派出军警,主动为巡阅队伍开

道。当地华人百姓闻讯，纷纷前来观礼。通过这种方式，左宗棠鼓舞了当地百姓的志气，也维护了国家的尊严。

光绪八年（1882），法国扩大了对清朝藩属国越南的侵略，清朝的国防压力陡然增加。左宗棠加紧了整顿海防的步伐，不顾疲劳，以七旬之身亲自到长江沿岸各据点视察，督促将士训练备战。到光绪九年（1883）七月，法国试图进一步占领有中国驻军保护的北越，中国军队被迫还击，战火逐步延烧到中越边境。此时，清政府对是战是和，仍然举棋不定。李鸿章等妥协派，惧怕法国的力量，主张抛弃越南，避免与法国"决裂"。左宗棠对此明确反对，他认为，越南乃中国之藩篱，如果坐视越南亡国，则中国不仅失去国际威望，云南、广西也必然成为战争前线，不得安宁。当时赋闲在家的郭嵩焘，对左宗棠等主战派的言论嗤之以鼻，讽刺他们像南宋时的大臣一样迂腐，只会"以和为辱，以战为高"。左宗棠对他的这种论调非常不满，回击道："如今国家金瓯无缺，策士勇将足供驱使，你竟然主张甘心屈服，一任敌人凌夷至极，真是令人费解啊！"

左宗棠主张援越抗法，并不是停留在空谈层面。为切实支援前线战事，左宗棠委派老部下王德榜回湖南招募乡勇数千名，组成"恪靖定边军"，开赴中越边境。他不但为王德榜提供了大量的武器装备，协助解决队伍的军饷开支，还挑选自己麾下能征善战的将领和军事骨干数十人，派往军中效力。

然而，局势恶化的速度远超左宗棠的想象。光绪十年（1884）初，法军相继攻陷越南北宁、兴化等战略要地。李鸿章等主和派趁机活动，与法国代表签订《中法简明条约》，承认法国对越南的占领，承诺将清军调回国内，并允许法国在中越边境通商。消息传出，舆论大哗，连美国人都惊呼："没有打仗就承认失败，这就是李鸿章所做的！"左宗棠听闻消息，忧虑难安，紧急向朝廷上奏，力陈当前局势之险恶："俄人垂涎朝鲜，英人觊觎西藏，日本并琉球，葡萄牙据澳门"，都虎视眈眈，对法妥协必然刺激各国侵略欲望，使他们"舔糠及米"，则中国将陷入瓜分豆剖的厄运之中；所以，现在绝不是妥协和议之时。自己虽然已过古稀，仍愿亲赴前线督师，并立下军令状，如若失败愿受重罚。

李鸿章的轻易妥协果然刺激了法国的侵略野心。法国当局以中越边境摩擦为借口，指责清廷破坏合约，向清廷勒索二亿五千万法郎的赔款。清廷不允，法国军舰悍然炮轰台湾基隆港。眼见局势越发严峻，慈禧太后召集众臣，讨论和战事宜。左宗棠在会上起身疾呼："大清不能永远屈服于洋人，与其赔款，不如拿赔款作战费！"慈禧太后见多数大臣不愿赔款，便拒绝了法国的"最后通牒"。

法国见恐吓勒索不成，决心扩大战争。这年七月初三，法国远东舰队在司令孤拔的指挥下，突然袭击马尾港，福建海军几乎全部覆灭，马尾造船厂也受到严重破坏。消息传到北京，左宗棠得知倾注了半生心血创办的造船厂和水师，就这样被当年学习和效仿的对象——法国所摧毁，既震惊又无比痛心，一度咳出血来。他难以压抑自己的激愤，在清廷正式对法宣战后，立即去找主持军机处的醇亲王奕譞，请求亲自统兵，奔赴抗法前线。奕譞打量着眼前这位身材矮壮、须发皆白的古稀老人，只见他目光依然矍铄，神采之豪壮不减当年，言辞浑厚有力，透露出坚定不移的意志。这令奕譞不禁想起东汉名将伏波将军马援"老当益壮"的典故，内心对左宗棠十分敬服。在奕譞的奏请下，朝廷任命左宗棠为钦差大臣，督办福建军务，准其奔赴前线，督师抗法。

八月中旬，法国舰队攻陷了台湾重要的港口基隆，并封锁了台湾海峡。清廷见前线吃紧，考虑到左宗棠的安危，指示他不必身临沿海前线。但左宗棠在江宁召集旧部五千人后，没有犹豫和停留，立即赶赴福州。当时，福州城内因为马尾之败，人心惶惶，左宗棠的到来，给福州百姓带来了极大的振奋和鼓舞，使人心迅速安定下来。在左宗棠入住的钦差大臣行馆，当地百姓张贴了一副对联，以表达对左宗棠的仰慕和崇敬：

数千里荡节复临，水复山重，半壁东南资保障

亿万姓轺车争拥，风清霜肃，十闽上下
仰声威

　　到达福州后，左宗棠不顾劳累和宿疾，立即投
入到紧张的军事运筹中。为了加强福州地区的防
务，左宗棠派人用铁索配合机器封锁闽江口，又以
垒石填塞其他内河入海口，仅留供小舟出入的缺
口。在重要港湾处，安放水雷、添设炮台；对于被
法国舰炮击毁的沿岸炮台，则尽力修复，并从沉没
军舰中拆卸舰炮，安置在沿海要塞。

　　当时，台湾正受到法国舰队的猛烈攻击，台湾
海峡也被法军严密封锁，台湾与福建沿海的联络
基本断绝，只能独自奋战，粮饷、武器严重不足。
为了有效地支援台湾军民，左宗棠克服没有军舰护
航、没有轮船运送的困难，派部下王诗正带领"恪
靖亲军"千余人，从泉州出发，扮作渔民，乘坐渔
船，冒险在黑夜中偷渡台湾海峡。到年底，王诗
正部终于分批到达台湾，大大鼓舞了当地军民的
斗志。

　　光绪十一年（1885）初，法国舰队统帅孤拔在

进攻镇海时遭到清军还击，身负重伤，不久毙命。而在中越边境，法军集结兵力，占领谅山，直抵镇南关。关键时刻，在王德榜"恪靖定边军"的配合下，老将冯子材顶住了法军的攻势，并趁势反攻，一举收复谅山，法军全线溃败。左宗棠听闻前线捷报，极为兴奋，期待着前线将士能取得更大的战果。然而，此时李鸿章等人秉持"乘胜即收"的理念，竟然迫不及待地主动与法国议和，怂恿清廷下令前线停战。左宗棠愤懑不已，坚决反对妥协求和的做法，却无力阻止清廷求和的步伐。最终，在6月9日，李鸿章与法方代表签订了《中法新约》。法国不但巩固了之前已获得的各项权益，还得到了减轻进口税率的优惠以及在中国修筑铁路的权力。前线将士浴血奋战得来的胜利，竟然被清政府换为一纸不平等条约，实在是外交史上的奇闻！

左宗棠得知消息，犹如遭到晴天霹雳般的打击，忧愁激愤之情填满了胸膛，因此牵动旧疾，从此卧床不起，甚至一度昏迷。

但即使在生命垂危之际，左宗棠依然牵挂着国家的安危。在病榻上，他挣扎着向清廷郑重提出了两条重要建议：其一，设立海防全政大臣，驻扎于长江口，北卫京津，南控闽越，统一指挥北洋、南洋海军，以避免再出现中法战争中沿海督抚各自为政、缺乏协作的情况；其二，设立单独的台湾行省，加强对台湾的开发、治理，强化其国防力量。这两项建议最终都被清廷采纳。

光绪十一年七月二十七日（1885年9月5日），左宗棠病逝于福州。在临终前口授的"遗折"中，他沉痛地表示："此次越南和战，实中国强弱一大关键。臣督师南下，迄未大伸挞伐，张我国威，遗恨平生，不能瞑目！"讣闻传出，福州城中许多百姓痛哭失声，如失所亲。清廷追赠左宗棠为太傅，谥号"文襄"。左宗棠生前的许多亲友、部属纷纷送上挽联。其中，时任内阁学士李鸿藻的挽联是：

诸葛大名垂宇宙
崆峒西极过昆仑

上联是说左宗棠一生最敬佩三国名相诸葛亮，

常以"今亮"自居，平生也确实像诸葛亮那样，既善于运筹帷幄，又为国家鞠躬尽瘁、死而后已；下联则赞颂了左宗棠一生最重要的功绩——收复新疆。此联取自杜甫之诗，对仗工整，用以评价左宗棠可谓恰如其分。

左宗棠
生平简表

● ◎ 嘉庆十七年（1812）

────────────────────────────

十月初七，生于湖南湘阴县左家塅。

● ◎ 嘉庆二十一年（1816）

────────────────────────────

随父左观澜迁居长沙，与两位兄长同在父亲所开书馆读书。

● ◎ 道光七年（1827）

────────────────────────────

母亲病逝，居家守孝，研读经世致用之书。

●◎道光十年（1830）

父亲病逝。结识贺长龄，向其借阅各种图书，共论读书心得。

●◎道光十一年（1831）

入长沙城南书院，随贺熙龄读书。

●◎道光十二年（1832）

应乡试，中举人。入赘湘潭周家，与周诒端成婚。同年冬，赴京参加会试。次年发榜，未中。

●◎道光十五年（1835）

第二次参加会试，被录为国史馆誊录。左宗棠不屑屈就，仍归湘潭。

●◎道光十八年（1838）

第三次会试落第。决心不再应试，潜心研习地理和兵法，留意农事。

●◎道光二十年（1840）

赴湖南安化，以塾师身份教导陶澍之子陶桄，历时八年。

●◎道光二十九年（1849）

十一月廿一日，与林则徐在湘江舟中会面，彻夜长谈。

●◎咸丰二年（1852）

应邀入湖南巡抚张亮基幕府，参谋军事。

●◎咸丰四年（1854）

应湖南巡抚骆秉章之邀，再入幕府，为其筹划军政事宜，直至咸丰十年。

●◎咸丰十年（1860）

五月，奉诏襄办曾国藩军务，创建楚军。七月，于江西景德镇击败太平军。

●◎咸丰十一年（1861）

奉诏督办浙江军务，率楚军援浙。此后，陆续平定浙江、福建。

●◎同治五年（1866）

七月，创设马尾造船厂。九月，调任陕甘总督，奏请设立"船政学堂"，推荐沈葆桢主持船政。

●◎同治六年（1867）

出任钦差大臣、督办陕甘军务。此后数年间，与西捻军作战，平定马化龙等叛乱武装，并开设兰州制造局。

●◎光绪元年（1875）

三月，上《复陈海防塞防及关外剿抚粮运情形折》，主张海防与塞防并重，力主出兵收复新疆。清廷当月任命左宗棠为钦差大臣，督办关外剿匪事宜。

●◎光绪二年（1876）

率军移驻肃州，确定西征方略。五月至八月，西征军收复乌鲁木齐和玛纳斯城，平定北疆。

●◎光绪三年（1877）

三月，西征军攻克达坂城、吐鲁番、托克逊。四月，阿古柏暴毙。十一月，平定南疆。左宗棠因功晋封为二等侯爵。

●◎光绪五年（1879）

八月，崇厚与沙俄签订《里瓦几亚条约》。左宗棠反对割地赔款，积极备战，准备武力收复哈密。

●◎光绪六年（1880）

―――――――――――――――――――――――――――――

四月，亲自出关赴哈密督战。

●◎光绪七年（1881）

―――――――――――――――――――――――――――――

一月，签订《中俄改订条约》，清廷争回部分权益。

●◎光绪十年（1884）

―――――――――――――――――――――――――――――

七月，清廷对法宣战，左宗棠出任钦差大臣，督办福建
军务。

●◎光绪十一年（1885）

―――――――――――――――――――――――――――――

七月廿七日，病逝于福建。清廷追赠太傅，谥"文襄"。